Wunibald Müller (Hg.)

Deine Kraft ist in den Schwachen mächtig

Wunibald Müller (Hg.)

Deine Kraft ist in den Schwachen mächtig

Impulse aus dem Recollectio-Haus Münsterschwarzach

Vier-Türme-Verlag

Bibliographische Information der Deutschen Nationalbibliothek
Die Deutsche Nationalbibliothek verzeichnet diese Publikation in der Deutschen Nationalbibliographie. Detaillierte bibliographische Daten sind im Internet über http://dnb.d-nb.de abrufbar.

1. Auflage 2016

Lektorat: Dr. Thomas H. Böhm
Gestaltung: Dr. Matthias E. Gahr
Covermotiv: © khlongwangchao/Fotolia.com
Druck und Bindung: CPI books GmbH, Leck
ISBN 978-3-7365-0017-4

www.vier-tuerme-verlag.de

Inhalt

Abt Michael Reepen OSB

Zum Geleit

»Wer ist der Mensch, der Lust hat am Leben?« Das ist oft mein Thema, wenn ich einmal während eines laufenden Kurses die Begegnung mit den Kursgästen im Recollectio-Haus suche. Ich spüre deutlich, wie schnell sie auf diesen Satz aus dem Prolog der Benediktsregel reagieren, er sie förmlich elektrisiert. Ja, Lust und Freude am Leben zu haben, wieder zu ihr zu finden und sie freizulegen von all dem, was sich über sie gelegt hat, das ist für uns alle ein echtes Bedürfnis!

Es ist schön zu sehen, wie unsere Gäste im Recollectio-Haus in den Wochen und Monaten, in denen sie hier sind, immer freier werden, alte Muster fallen lassen, sich Dinge trauen und zutrauen, die vorher unmöglich schienen. Es kommt häufig wieder die Lust und Freude am Leben zum Vorschein.

Gerne erzähle ich dann, dass ich deshalb ins Kloster gegangen bin und es mir als Abt ein Anliegen ist, dass meine Brüder zu ihrer je eigenen Lebendigkeit finden. Schon der heilige Benedikt wusste es, dass der Weg durchaus durch Engen und Krisen führt. Diese Schwierigkeiten bergen aber die Chance des Reifens und Wachsens, und dann »weitet sich das Herz und man geht den Weg in unsagbarer Freude der Liebe« (Benediktsregel Prolog 49).

Dem Team des Recollectio-Hauses ist es nun seit 25 Jahren schon ein Anliegen, unseren Gästen vor allem aus dem kirchlichen Dienst wieder zu der Lebensfreude zu verhelfen. Sie tun es, indem sie ihre je eigenen Gaben und ihre Lebendigkeit so einbringen, dass sie dadurch die Gäste anstiften, ihr je Eigenes zu entdecken.

Ich bin dem Team für seine qualifizierte Arbeit sehr dankbar, in gleicher Weise für die gute Zusammenarbeit mit den Trägerdiözesen und dem geistlichen Beirat und allen, die unsere Arbeit unterstützten.

Nicht zuletzt sind wir unseren Gästen im Recollectio-Haus dankbar. Sie helfen auch uns, weiter zu wachsen und Neues dazuzulernen und so an den Nöten der Menschen dranzubleiben. Ja, sie bringen Christus an diesen Ort, dem wir dienen wollen.

Wenn wir in diesem Jahr 1200 Jahre benediktinisches Leben in Münsterschwarzach feiern, sind die 25 Jahre des Recollectio-Hauses nur ein Augenblick darin, aber ein wichtiger Augenblick! Er lenkt unseren Blick auf die Zeichen der Zeit und auf die Not und Bedürfnisse der Menschen. Ihnen wollen wir als Mönche an diesem Ort auch in Zukunft dienen.

So wünsche ich allen Leserinnen und Lesern dieses Buches, dass sie aus den Beiträgen Kraft schöpfen und Freude finden für ihren eigenen Lebensweg.

Wunibald Müller

Vorwort

Herzlich willkommen

Fünfundzwanzig Jahre gibt es jetzt schon das Recollectio-Haus der Abtei Münsterschwarzach. Das ist Anlass genug, wieder einmal unsere Türen zu öffnen, um jenen Menschen, die an unserer Arbeit interessiert sind, Gelegenheit zu bieten, mehr über uns zu erfahren, vor allem aber sich vom Geist dieses Hauses und der Abtei Münsterschwarzach, zu der das Recollectio-Haus gehört, inspirieren zu lassen.

Abt Michael Reepen, der selbst als geistlicher Begleiter im Recollectio-Haus gearbeitet hat, würdigt in seinem Vorwort die Arbeit des Recollectio-Hauses, die ohne die Abtei gar nicht denkbar wäre. Die geistlichen Begleiter des Hauses haben einige ihrer Homilien zur Verfügung gestellt, die sie in den Gottesdiensten halten. Schwester Sylvia Platte und die Psychotherapeuten des Hauses gehen in ihren Beiträgen auf einige Themen ein, die aus ihrer Arbeit mit den Gästen erwachsen sind. Pater Anselm berichtet über seine Arbeit im Recollectio-Haus, so seine Einführung in die Meditation und tiefenpsychologische Schriftauslegung. Pater Meinrad führt uns durch das Haus und erklärt uns die Kunst, auf die man dort trifft. Pierre Stutz, Karl-Josef Kuschel und Bernd Deininger lassen uns an eigenen Erfahrungen, Erkenntnissen und Informationen teilhaben, die unsere Erfahrungen im Recollectio-Haus ergänzen und vertiefen.

Also, seien Sie herzlich willkommen. Tauchen Sie ein in die Welt des Recollectio-Hauses. Sollten Sie hier für einige Wochen gelebt haben, tauchen Sie ein in die Atmosphäre des Hauses, versuchen Sie mit den Erfahrungen in Berührung zu kommen, die Sie damals hier machen durften, verweilen Sie wieder für eine Weile hier.

Kennen Sie das Recollectio-Haus nur aus Berichten, sind aber daran interessiert, mehr von dem, was hier geschieht, zu erfahren, vor allem aber etwas von dem Geist dieses Hauses zu erspüren, lassen Sie sich von den folgenden Beschreibungen, Berichten, Kurzpredigten informieren und inspirieren. Sie sollen Ihnen einen Einblick verschaffen in das, was hier geschieht, und Sie einladen, für eine Weile selbst Gast im Recollectio-Haus zu sein.

Aber auch wenn Sie einfach offen dafür sind, sich anregen zu lassen von Gedanken und Impulsen, die aus einer spirituellen und psychotherapeutischen Betrachtungsweise den ganzen Menschen anzusprechen versuchen, werden Sie in den folgenden Ausführungen sicher auch die eine oder andere Ermutigung zu einem Leben in Fülle entdecken, die Sie anspricht und, wenn Sie sie umsetzen, zu einer Bereicherung Ihres Lebens beiträgt.

Wunibald Müller

Sich eine Auszeit gönnen

Immer mehr Menschen spüren, dass sie nicht länger weiterleben können wie bisher. Sie werden krank, ihnen gehen die Kräfte aus, sie haben keine Lust mehr zu arbeiten oder gar zu leben. Sie fühlen sich leer, ausgebrannt, energielos, traurig bis depressiv. Es bleibt ihnen in einer solchen Situation – wollen sie, dass ihre Seele nachkommt – im Grunde genommen nichts anderes übrig als innezuhalten, sich von dem, was sie beschäftigt, was ihren Alltag bestimmt, zurückzuziehen.

Sehr eindrucksvoll beschreibt das Paulo Coelho in folgender Erzählung: Ein weißer Afrikaforscher konnte es nicht erwarten, endlich ins Landesinnere vorzustoßen. Um früher an sein Ziel zu gelangen, gab er den Trägern, die ihn begleiteten, zusätzliches Geld, damit sie schneller gingen. Diese legten dann auch ein schnelleres Tempo vor, bis sie eines Abends sich auf den Boden setzten, das Gepäck ablegten und sich weigerten weiterzugehen. Auch durch mehr Geld ließen sie sich nicht dazu bewegen weiterzumarschieren. Als der Forscher sie nach dem Grund ihres Verhaltens fragte, sagten sie: »Wir sind so schnell gegangen, dass wir nicht mehr so recht wissen, was wir tun. Darum warten wir, bis unsere Seele uns eingeholt hat.«

Das Recollectio-Haus der Abtei Münsterschwarzach versteht sich als ein Ort, an dem die Männer und Frauen, die hierher kommen, die Möglichkeit haben sollen, sich die Zeit zu nehmen, die sie benötigen, damit ihre Seele wieder nachkommen kann. Damit reiht sich das Recollectio-Haus in das ganzheitlich ausgerichtete Programm ein, das die Abtei Münsterschwarzach in ganz unterschiedlichen Bereichen und durch vielfältige Angebote verwirklicht.

Wunibald Müller

Heiligkeit und Gesundheit

Die Abtei Münsterschwarzach

Viele Menschen, die es nach Münsterschwarzach, der Benediktinerabtei in Unterfranken in der Nähe von Würzburg zieht, sind Menschen, die zur Ruhe und wieder zu ihrer Mitte finden möchten. Was sie als anziehend erleben, ist das Ambiente der Abtei mit ihren spirituellen Möglichkeiten, aber auch die sie umgebende Natur, die zu Spaziergängen einlädt. Es ist ein Ort, an dem sie spüren: Hier geht es um den ganzen Menschen, mit Leib und Seele. Es ist ein Ort, an dem man eine Ahnung davon bekommen kann, dass Heiligkeit und Gesundheit in einem Zusammenhang stehen.

Das beginnt bereits mit der Benediktsregel, die aufzeigen will, wie wir leben müssen, um nicht krank zu werden. Sie gibt dem Rhythmus unseres Tages feste Zeiten, in denen wir uns zentrieren und uns in Gott verankern. Die beliebte Schule der Abtei ist darauf ausgerichtet, den ganzen Menschen zu sehen. Hier geht es nicht nur um die intellektuelle Vermittlung von Wissen. Durch Theaterspielen, die Möglichkeit zum Reiten, das breite sportliche und musikalische Angebot, die spirituelle Begleitung sollen die vielfältigen Begabungen und Möglichkeiten der jungen Leute gefördert werden.

Der Verlag der Abtei will durch seine Veröffentlichungen zur Verbreitung einer Spiritualität beitragen, die geerdet ist und so zu einem gesunden Lebensstil verhelfen kann. Durch den Einsatz von alternativen Energien will die Abtei dazu beizutragen, unsere Umwelt zu schonen, und damit zugleich einen Beitrag zu unserer Gesundheit leisten.

Bekannt ist die Abtei Münsterschwarzach neben ihrer Missionsarbeit vor allem aber wegen seiner spirituellen Angebote im Gästehaus und dem hier ansässigen Recollectio-Haus. Dass diese Einrichtungen so gefragt sind, ist unter anderem auch auf gegenwärtige gesellschaftliche und kirchliche Strukturen und Entwicklungen zurückzuführen, die es weit mehr als früher erforderlich machen, sich eine Auszeit zu gönnen, um zu verhindern, seelisch oder körperlich krank werden.

Die Männer und Frauen, die in Münsterschwarzach das Gästehaus oder Recollectio-Haus aufsuchen, spüren, dass es an der Zeit ist, etwas für sich zu tun, bevor sie innerlich ausbrennen. Für den einen genügt es, einige Tage in die spirituelle Atmosphäre einzutauchen, die von der Abtei Münsterschwarzach und ihrer geistlichen Gemeinschaft ausgeht. Er ist für ein Wochenende oder eine Woche lang Gast im Gästehaus der Abtei Münsterschwarzach und nimmt an einem der zahlreichen Kurse und den Gebetszeiten der Mönche teil. In Einzelfällen ist es auch möglich, in der Gärtnerei der Abtei mitzuarbeiten. Die ländliche Umgebung bietet sich darüber hinaus zu Wanderungen und Spaziergängen an.

Das Recollectio-Haus

Andere Menschen, die eine längere Zeit benötigen, um wieder zu Kräften zu kommen und ihrer Seele Gelegenheit zu geben, nachzukommen, gehen in das Recollectio-Haus der Abtei. Dies ist eine Einrichtung, die es inzwischen seit 25 Jahren gibt und in der Priester, Ordensleute, hauptamtliche kirchliche Mitarbeiter und Mitarbeiterinnen die Gelegenheit haben, über einen Zeitraum von vier, neun oder zwölf Wochen als Gemeinschaft miteinander zu leben und in dieser Zeit psychotherapeutisch und spirituell begleitet zu werden.

In einer Atmosphäre, die von gegenseitiger Annahme und Offenheit geprägt ist, leben hier achtzehn Männer und Frauen miteinander, die sich gegenseitig bei ihrem Erneuerungs- und Heilungsprozess bestärken und stützen. Dazu tragen auch das gemeinsame Beten, das Feiern der Eucharistie, die gemeinsamen Mahlzeiten, das Arbeiten miteinander und gemeinsam durchgeführte Freizeitunternehmungen bei.

Das Eingebundensein des Recollectio-Hauses in die Benediktinerabtei Münsterschwarzach und ihre geistlichen Gemeinschaft stellt dabei einen besonderen Kontext her. Das Recollectio-Haus befindet sich nicht in einem *klinischen*, sondern in einem *spirituellen* Kontext. Es wird finanziell unterstützt von den Diözesen Augsburg, Fulda, Freiburg, Limburg, Rottenburg-Stuttgart, Mainz, München-Freising, Paderborn und Würzburg.

Die Männer und Frauen, die ins Recollectio-Haus kommen, wollen wieder mit der eigenen Quelle in Kontakt kommen. Sie wollen, um in ihrer seelsorglichen Arbeit und ihrem religiösen Leben nicht der Routine zu verfallen, wieder mehr Zeit haben für sich, bisher Vernachlässigtes in ihrem Leben und ihre Beziehung zu Gott neu zum Vorschein bringen. Andere suchen das Recollectio-Haus auf, weil sie sich in einer Übergangssituation befinden und mit professioneller spiritueller und therapeutischer Hilfe hinschauen wollen, was ihnen diese Krise sagen will, was möglicherweise an Neuem in ihnen aufbrechen will, das sie für ihr Leben und ihre Berufung fruchtbar machen werden können und sollen.

Die Kraft in der Schwachheit

Von außen her gesehen mag man geneigt sein zu sagen: Im Recollectio-Haus sind die Schwachen, die Kranken, die Gescheiterten. Dieses Bild vom Recollectio-Haus gibt es. Doch es gilt zu unterscheiden zwischen den Personen, denen ihre Schwäche zum Segen gereichen kann, wenn sie zu ihr stehen, sie anschauen und bearbeiten, und den anderen, die zwar schwach sind, aber nicht dazu stehen und mit der Zeit resignieren. »Was aber nicht angenommen ist, kann nicht geheilt werden«, sagt bereits Irenäus von Lyon und der Tiefenpsychologe C. G. Jung wiederholt es einige Jahrhundert später. Dazu gehört auch die Annahme unserer Schwäche, unserer Unzulänglichkeit und unserer Unvollkommenheit. Die Erfahrung zu machen, dass andere sich in der gleichen Situation befinden, hilft dabei. Denn – das weiß jeder, der zu seiner Schwäche steht – es gehört viel Mut dazu, sich zu seinen dunklen Seiten zu bekennen.

Im Recollectio-Haus finden die Männer und Frauen, die an ihre Grenzen gekommen sind, einen Ort, von dem sie wissen, dass es dort nicht als eine Schande angesehen wird, wenn man sich in einer Krise befindet. Vielmehr wird die Krise als ein Hinweis unserer Seele betrachtet, die uns zu Korrekturen in unserem Leben ermutigen will. Sie will uns darauf hinweisen: »Du hast mehr Möglichkeiten als du ahnst.« Oder: »Du hast dich da in etwas verrannt. Willst du wieder zufrieden sein, musst du Neues entweder im vorgegebenen Rahmen – zum Beispiel als Priester oder Ordensmensch – zulassen oder – stellt sich heraus, dass dein Lebensrahmen, der falsche Rahmen ist – einen neuen Rahmen finden.«

Im Recollectio-Haus erhalten Gäste Unterstützung unter anderem durch spirituelle und psychotherapeutische Begleitung, durch die anderen Gruppenmitglieder, mit denen sie über viele Wochen zusammenleben, durch die Gottesdienste, die sie miteinander feiern. Die Erfahrung zu machen, mit anderen zusammen im gleichen Boot zu sitzen, erleichtert es ihnen, zu ihren Krisen zu stehen, und motiviert sie dazu, sich gegenseitig dabei zu unterstützen. Das hilft, Krisen zu überwinden und die Chancen, die in der Krise auch liegen können, zu sehen und entsprechende Konsequenzen zu ziehen.

Auf diese Weise dürfen die Männer und Frauen, die ins Haus kommen, paradoxe Lebensweisheit erfahren. So schreibt Pierre Stutz in seinem Beitrag davon, dass im Mitteilen der eigenen Kraftlosigkeit bereits eine Kraftquelle liegt. »Es ist die lebensspendende Urerfahrung des ›verwundeten Heilers‹, die sich auch im segensreichen Leben und Wirken« der Mitarbeitenden des Recollectio-Hauses ausdrückt. »Menschen dürfen dort sein mit ihrer ganzen Zerbrochenheit und ihrer grossen Sehnsucht, damit Selbst-, Nächsten- und Gottesliebe nicht mehr getrennt werden. Das Leben vieler suchender Seelsorgerinnen und Seelsorger darf dort aufgebrochen werden, um in Umbruchzeiten, einen Durchbruch zum Urgrund der Liebe zu erfahren.«

Im Zweiten Korintherbrief (12,9) begegnen wir ähnlichen Worten: »Meine Gnade genügt dir; denn sie erweist ihre Kraft in der Schwachheit.« So gesehen können die Männer und Frauen, die den Mut haben zu ihren Grenzen zu stehen, auch Vorbild für jene sein, die eigentlich an ihre Grenzen gekommen sind, aber nicht dazu stehen. Sie können eine Provokation sein für die Personen, die ihre Schwäche und Grenzen überspielen, »einen auf stark machen« und gar nicht merken, wie abstoßend ihr Verhalten ist. Sie gehen auf eine ungesunde Art mit ihren Grenzen um, indem sie keine Grenzen mehr kennen, was Essen, Trinken, aber auch ihren Ehrgeiz und ihr Verlangen, im Mittelpunkt zu stehen, betrifft.

Auf die Vorbildfunktion des Recollectio-Hauses weist der frühere Abt von Münsterschwarzach Pater Fidelis Ruppert hin, wenn er schreibt: »Ich habe den Eindruck, dass die Präsenz des Recollectio-Hauses auf unserem Gelände auch für unsere Gemeinschaft gut ist. Das Suchen und Ringen dieser Menschen bewirkt auch bei uns eine neue Aufmerksamkeit, eine Erinnerung, dass wir die gleichen Probleme haben, selber Hilfe brauchen und annehmen müssen, damit wir mit unserer eigenen Sehnsucht auf einem erdigen Weg bleiben und unserer Berufung gerecht werden können.«

In den 25 Jahren seit Bestehen des Recollectio-Hauses haben an die zweitausend Männer und Frauen das Haus in Münsterschwarzach aufgesucht. Diese Männer und Frauen zählen für mich zu den sensiblen Menschen, die zu ihren Grenzen und zu ihrer »Schwäche« stehen. Sie stehen dazu, dass sie der Hilfe bedürftig sind. In den Anfängen des Recollectio-Hauses waren es vor allem Frauen, inzwischen sind es genauso viele Männer, die ins Recollectio-Haus kommen.

Die Ehre Gottes ist der lebendige Mensch

»Die Ehre Gottes ist der lebendige Mensch«, sagt Irenäus von Lyon. Um zu diesem lebendigen Menschen zu werden, muss ich mich auf das Abenteuer des Lebens einlassen. Lasse ich mich aber auf das Abenteuer des Lebens ein, kann ich nicht chemisch rein bleiben, mache ich mich schmutzig, mache ich Fehler, scheitere ich.

So gesehen zeugen Beschädigungen in unserem Leben, die Wunden, die uns auf dem Weg unserer Menschwerdung geschlagen wurden, von der Bereitschaft, sich dem Leben zu stellen, das uns von Gott geschenkte Leben ernst zu nehmen, es zu gestalten, die uns gegebenen Möglichkeiten – auch gegen Widerstände – zu nutzen.

So begegnen die geistlichen und therapeutischen Begleiter im Recollectio-Hauses den Männern und Frauen, die nach Münsterschwarzach kommen, mit der Einstellung: »Du hast mehr Möglichkeiten als du ahnst, ganz zu schweigen von den ungeahnten Möglichkeiten Gottes mit dir.« Sie vertrauen darauf, dass Gott auf krummen Linien gerade schreibt, Krisen eine Chance sein können, noch oder wieder wahrhaftiger zu leben.

Das Recollectio-Haus als Teil der Kirche

Das Recollectio-Haus als Teil der Kirche sieht seinen Auftrag unter anderem darin, den Männern und Frauen, die hierherkommen, Mut zu machen. Sie sollen gestärkt werden, angesichts der schwierigen kirchlichen und seelsorglichen Situation nicht aufzugeben, sondern im Vertrauen auf Gott in einer Kirche mitzuarbeiten, von der Papst Franziskus sagt: »Ich träume von einer Kirche als Mutter und als Hirtin. Die Diener der Kirche müssen barmherzig sein, sich der Menschen annehmen, sie begleiten – wie der gute Samariter, der seinen Nächsten wäscht, reinigt, aufhebt. Das ist pures Evangelium. Gott ist größer als die Sünde.«

Dieser Traum von Kirche – das dürfen wir, glaube ich, in aller Bescheidenheit sagen – hat sich im Recollectio-Haus erfüllt. Wir sind bereit dazu, auch in Zukunft das Unsere dazu beizutragen, dass er sich mehr und mehr auch außerhalb des Recollectio-Hauses erfüllt.

Pierre Stutz

Hinabsteigen

Hinabsteigen
in die eigene Kraftlosigkeit
um auf(er)stehen zu können
zu einem befreiten Gang

Eintauchen
in die eigene Verzweiflung
um zu erahnen
mehr zu sein als meine tiefe Verwundungen

Herunterkommen
von angstbesetzten Türmen
um anzukommen
im segensvollen Augen-Blick

Wunibald Müller

Die belebende Kraft von Bildern

Herzlich willkommen im Recollectio-Haus der Abtei Münsterschwarzach. Treten Sie ein und schauen Sie sich um. Lassen Sie sich von der folgenden Beschreibung der Bilder im Recollectio-Haus von Pater Meinrad auf eine Besichtigungstour durch das Recollectio-Haus mitnehmen. Pater Meinrad hat selbst ganz entscheidend zur künstlerischen Ausgestaltung des Recollectio-Hauses beigetragen. Für die Kursteilnehmer sind seine Münsterführungen oder die Besuche in seinem Atelier immer besondere Erlebnisse, von denen sie voller Staunen berichten und die ihnen einen ganz neuen Zugang zur Münsterkirche eröffnen.

Für Pater Meinrad, so berichtet ein Teilnehmer der Münsterführung, ist die heilige Felicitas, der das Kloster geweiht ist, eine Felicitas rediviva, die dafür bürgt, dass auch dann, wenn das Kloster einmal sterben sollte, es wieder auferstehen wird. Auch wenn es Krisen und Probleme gibt, so dürfen wir, wie die heilige Felizitas, unsere Hoffnung darauf nie aufgeben, dass neues Leben blüht, dass Gott es gut mit uns meint. Ein Zeichen dieser Hoffnung ist auch der Bau des Recollectio-Hauses. Dabei ist Hoffnung nicht dasselbe wie Erwartung. Erwartung kann enttäuscht werden. »Hoffnung lässt nicht zugrunde gehen« (Römer 5,5). Hoffnung kann entschwinden – auch verloren gehen. Vielen ist die »Hoffnung« abhanden gekommen. Es braucht daher immer wieder Licht, damit wir die Hoffnung miteinander am Glühen halten, sie »ankern«. Das Symbol der Hoffnung ist der Anker. Den Glutkern unseres Glaubens können wir gemeinsam unter der Asche entdecken.

Lassen wir uns jetzt von Pater Meinrad durch das Recollectio-Haus führen, um so auf eine ganz besondere Weise mit dem Haus, seiner Atmosphäre, der Arbeit hier vertraut gemacht zu werden.

Pater Meinrad Dufner OSB

Bilder bilden ein – Bilder bilden aus

Während des Gastaufenthaltes im Recollectio-Haus sollen die Menschen wieder oder tiefer zu ihrer ganzheitlichen Lebendigkeit an Leib und Seele finden. Das geschieht auf verschiedensten Wegen.

Ein ganz leiser, wortloser und kommentarloser Beitrag sind die Bilder, Räume, Akzente unserer Hausgestaltung. Zwar haben wir weder die Mittel noch hatten wir bei der Einrichtung des Hauses die Zeit, um dem gestalterischen Konzept größere Aufmerksamkeit zu widmen. Was bis heute entstanden ist, ist aus dem zurückgelegten Weg etappenweise geworden. Dennoch reden all die Bilder und ästhetischen Akzente.

Über dem Eingang breitet ein Schutzengel seine Flügel aus. Manche sehen im »Engelsleib« aber nur einen Zahn. Dann meint es eben den Zahn, der vielleicht in der Zeit gezogen werden soll; natürlich eine provozierend abwertende Bemerkung. Warum aber nicht – Bilder sind vieldeutig und entwickeln gerade dadurch ihre belebende Kraft.

Ist der Besucher eingetreten, empfängt ihn die farbige Eingangshalle. Auf zwei Wandseiten tanzen oder stehen, weichen zurück, kommen nach vorne Farben, Bänder, Balken, Kräfte: Alles ist in Bewegung und findet so seinen neuen Platz.

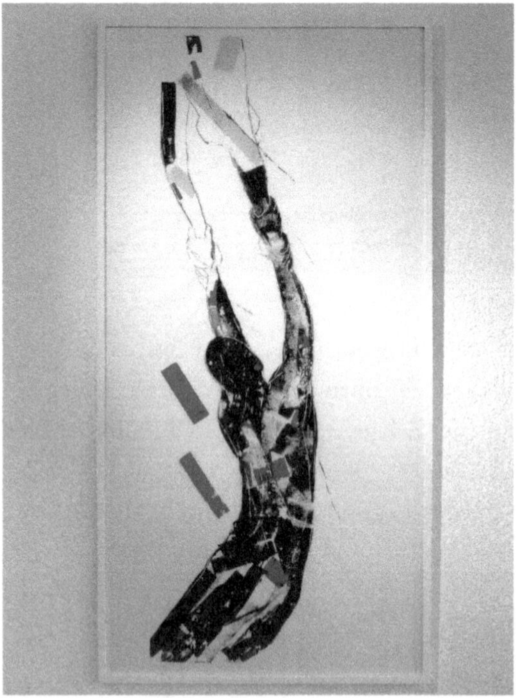

Die dritte Wandseite ist gefüllt mit dem Trapezspringer, der in die Hände des Fängers fliegt. Christian Schaupp hat ihn nach einem Text von Henri Nouwen gefertigt. Bei so einem Sprung trägt nur das Vertrauen auf den großen Fänger, der ganz sicher hält.

Diese wortlose Überschrift im Foyer unseres Hauses ist uns besonders wichtig.

Dann steht da noch eine Skulptur des peruanischen Künstlers Hugo Jeri: »Der weinende Engel«. Der Engel hält über seinem Schoß den Christus, pietaähnlich. Jesus schaut ganz getröstet und lebendig auf. Aber der Engel über ihm weint für ihn. So will gesagt sein, dass jeder einen Engel hat, der nicht über mich, sondern für mich weint. Mich tröstet dieser Gedanke.

Im Weitergehen streifen wir das Foto von der Einweihung im Jahr 1991. Henri Nouwen gab damals mit seiner programmatischen Rede dem Haus seine Seele.

Die Treppen empor begleiten den Bewohner täglich die leuchtenden Glasfenster von Pater Polykarp Uehlein. Diese sind Durchbrüche durch die feste Wand. Bilder, die aus sich heraus leuchten und einen im Wahrnehmen leuchtender machen. Ich drücke immer den

Lichtschalter, weil ich die heitere Freude aus diesen Farb- und Formfeldern genießen will. Indem ich mich anleuchten lasse, werde ich leuchtender.

Dass mich dann am Ende des Treppenhauses das Bild »Schattenreich« von Pater Meinrad überrascht, hat seinen Sinn. Recollectio-Aufenthalte wollen das Leben mehr ausleuchten – und dabei zeigen sich auch Schatten, die verschiedensten Schatten der immer selben Person. Diese – meine eigenen Schatten – sollen ans Licht.

Im obersten Stockwerk befinden sich der Therapieraum und die Kapelle. Das ist sinnig: Psychotherapie- und Gebetsraum sind Wand an Wand. Zwei Zugangsorte zum Wesen des Menschen, zur lebendigen Seele und zum lebendigen Leib. Wir verstehen diese beiden Zugänge auf gleicher Ebene miteinander und als solche, die einander ergänzen, gar einander brauchen.

Im Therapieraum, in dem sich die Gäste als Kleingruppe sammeln und gemeinsam aneinander lernen und wachsen, hängt das Bild »Herzschlag« – ein abstraktes Bild, das aber durch die Linie eines Kardiogrammes Puls- und Lebensschritte andeutet. Dabei geht es durch Höhen und Tiefen, durch alle Farben der Emotion.

Dass es sich um ein mehrteiliges Bild handelt, macht Sinn, da unser Leben ja auch Abschnitte und Phasen kennt. Was im Umfeld dieses »Herzbildes« schon alles auflebte, neu zu schlagen begann oder auch wegfließen durfte, ist nicht zu ermessen. Das wortlose Bild aber weiß es.

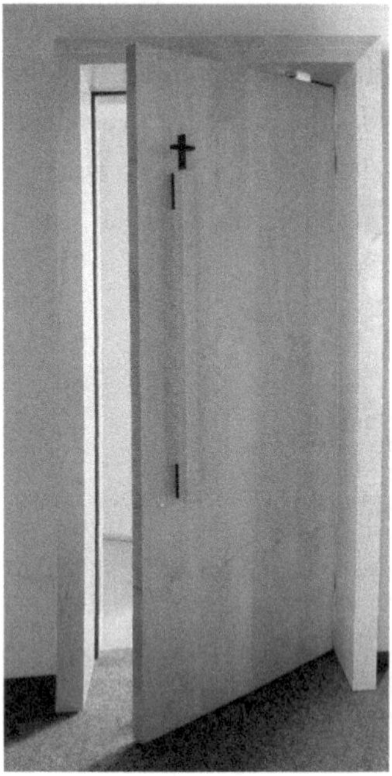 

Die Kapelle betritt der Besucher durch eine besondere Türe. Der »Kreuzstab« als Türgriff muss in die Hand genommen werden. Durch eine Enge hindurch lüftet sich dann der Raum. Zwei seitliche wangenartige Wände nehmen einen sogleich auf. Sie sind wie eine Umarmung. Zum Tabernakel und Altar umgewandt, kommt einem wieder eine Konche entgegen, die ganz offen ist für den Besucher. Der Tabernakel mit dem kleinen Goldquadrat deutet an, dass die göttliche Gegenwart in aller irdischen, hölzernen, alltäglichen Weise bei uns da ist.

Davon redet auch der archaische Altarblock, der aus unregelmäßigen Ahornbohlen gefügt ist: ein Bild des beschädigten Lebens, in das sich der messefeiernde Christus einlässt, der mit uns gemeinsam Mahl hält.

Sein Bild wird nochmals deutlich durch den verletzten Corpus eines alten Wegkreuzes. Dieses vermag unsere Gäste sehr zu trösten, sagt es doch: »Ich, Christus, habe eure Wegwunden an mich genommen, ich werde sie auch als Auferstandener ins Ostern führen.«

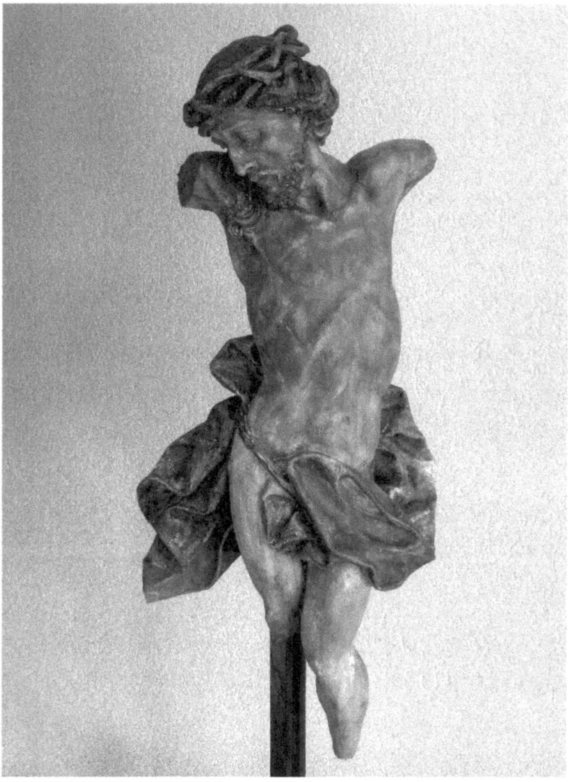

Die Rückwand der Kapelle breitet über die Besucher den Mantel einer Maria aus, unter dem und in dem mütterliche Wärme nochmals einen umfängt.

Die Fenster weiten den Blick schon wieder hinaus. Das Wetter, die Bäume schauen herein. So soll von hier der Segen hinaus, nachdem alle Sorgen hereindurften.

Jetzt sind noch lange nicht alle Sinnbilder des Hauses berührt worden, aber die wesentliche Kompassrichtung ist beschrieben.

Bilder bilden ein: Unbemerkt werden diese Zusammenhänge wirken, sich einpflanzen und aufgehen. Denn Bilder bilden aus. Wenn sie die Gäste im Weitergehen begleiten, werden sie in deren Leben neue Ausgestaltungen erfahren. Die erfahrene Einprägung wird zu neuen Ausprägungen führen.

Bruder Pascal Herold OSB

Wie wunderbar wäre es, gelassen zu bleiben

Wie wunderbar wäre es, gelassen zu bleiben und über den Dingen stehen zu können, wenn es augenblicklich nicht »mein Ding«, meine Empfindung und meine Sache ist: Nicht gleich auf alles reagieren und eine Antwort finden zu wollen, sich nicht beeindrucken zu lassen, wenn ich mal nicht mitgehen kann – es ist eben so! Immer wieder zieht es mir den Boden unter den Füßen weg, wenn es anders kommt; es treibt mich in eine Richtung, in die ich gar nicht will. Wie häufig passiert das.

Sofort melden sich die inneren Antreiber. Wir kennen sie alle: »Es soll gut, sogar perfekt sein.« »Ich muss allen gerecht werden.« »Ich will zeigen, dass ich etwas kann.« ... Die Realität holt uns auch hier bald ein. Wir geraten unter Druck, wenn es anders kommt, als es »vorgedacht« war. Ich stoße auf andere Verständnisse, die Menschen sind »anders drauf«, als ich das erwartet habe, die Verhältnisse sind einfach anders – und schon stoße ich wieder auf meine inneren Antreiber: »Ja aber ...!«

Die Bibel führt uns in ihren Texten oft weit hinaus über unser Denken und Verstehen. Im Zweiten Korintherbrief beispielsweise nimmt der heilige Paulus schwer zu begreifende Worte in den Mund: »Uns wird Leid zugefügt und doch sind wir jederzeit fröhlich, wir sind arm und machen doch viele reich, wir haben nichts und haben doch alles.« (2 Korinther 6,10)

Die Erfahrungen des Völkerapostels sind für uns eine schwere Kost, die nicht leicht zu verdauen ist: fröhlich zu bleiben, wenn Leid zugefügt wird, alles zu besitzen, auch wenn nichts vorhanden ist. Im Evangelium geht Jesus mit dieser Unbegreiflichkeit noch weiter: Die Dinge so zu lassen, wie sie mir begegnen, und eben nicht im gleichen Sinn zu reagieren, wenn es beispielsweise um Rache und Vergeltung geht. Auge um Auge und Zahn um Zahn ist nach Jesu Verständnis nicht die passende Antwort. Wichtig ist vielmehr sich gegenläufig zu verhalten – sogar die andere Wange hinzuhalten, wenn mich einer auf die rechte schlägt, wenn mich jemand vor Gericht bringt, um mir das Hemd wegzunehmen, dann großzügig zu sein und ihm sogar den Mantel zu lassen.

So gesehen kann ich nur handeln, wenn ich mich zunächst frei mache von den eigenen Emotionen, von meinen tendenziellen Absichten und manchen Normen, die oft mehr Erwartung als eigene Vorstellung sind. In jedem Augenblick ist noch etwas drin, ist ein unscheinbares Potenzial verborgen, das mich über die Enge hinauswachsen lässt und Übersicht gibt. Es ist mehr drin, als wir denken. Es geht mehr, wenn wir uns von den inneren Antreibern und Zwängen befreien. Manche Grabesstimmung löst sich auf in Leichtigkeit und Frohmut, obwohl mir der Mantel tatsächlich weggenommen wurde.

Die Auferstehung Jesu ist lebendig wirkende Kraft. Sie hilft mir tatsächlich aufzustehen und mich von all dem zu befreien, was schwer, mühselig und beladen macht. Sie zeugt von der Sprengkraft, die darin steckt, widergesetzliche Gegebenheiten aufzubrechen und die inneren Antreiber hintanstehen zu lassen, jetzt, in diesem Augenblick.

Vom evangelischen Pfarrer Manfred Fischer stammt folgendes Gedicht:

Auferstehung

Sterben überall, wohin wir blicken, aber es ist Auferstehung.
Abschied ist unser Leben, aber es wird Wiederkehr.
Am Ende bleibt die Einsamkeit,
doch sie verwandelt sich in Geborgenheit.
Öde breitet sich aus, weit über alles Land, in Seele, Leib und Geist,
doch unmerklich baut sich neues Leben auf.
Jetzt ist die Zeit der Schmerzen und Versehrung,
doch unsere Wunden lecken wir nicht.
Jetzt ist die Zeit ohnmächtigen Zorns,
doch unseren Taten wachsen Flügel.
Wir legen die Hände nicht in den Schoß, wir verbittern nicht.
Wir hören weit hinaus über Himmel und Erde in eine neue Welt.
Wir können standhalten. Wir haben die größere Zuversicht.
Wir hören weit hinaus in die neue Welt, schauen über uns hinaus, wir verbittern nicht, denn wir haben die größere Zuversicht, jetzt in diesem Augenblick und in der Feier der Mahlgemeinschaft um seinen Tisch herum.

Manfred Fischer, in: Biblische Texte verfremdet 12, München 1990, S. 15

Wunibald Müller

Bibeltexte meditieren

Anlässlich des 70. Geburtstages von Pater Anselm Grün wurde im Bayerischen Rundfunk eine kleine Szene ausgestrahlt, in der die Frau, die versuchte, ein Kreuzworträtsel zu lösen, ihren Mann fragte: »Kennst du den Namen eines berühmten Schriftstellers, der mit einem G beginnt?« Der Mann darauf: »Vielleicht Grass?« – »Nein, das passt nicht, aber Grün.« Darauf er: »Wer ist das denn?« Sie: »Was, den kennst du nicht? Das ist doch die Helene Fischer der Spiritualität.« Als unsere Ärztin und Psychotherapeutin Dr. Ilse Müller diesen Witz im Team erzählte, mussten wir alle – Pater Anselm eingeschlossen – herzhaft lachen.

Pater Anselm gehört von Anfang an zu den Mitarbeitern im Recollectio-Haus, das er zusammen mit Wunibald Müller leitet. Er schreibt über seine Arbeit im Recollectio-Haus: »Seit 25 Jahren arbeite ich im Recollectio-Haus. Ich begleite jeweils sechs Gäste, halte am Dienstagabend die Eucharistiefeier und gebe während eines Kurses jeweils zwei Arbeitseinheiten: einmal eine Einführung in die Meditation während eines ganzen Tages und dann einen Vormittag zum Thema ›Tiefenpsychologische Schriftauslegung‹.«

Die Texte von Pater Anselm in diesem Buch sind die Impulse, die aus diesen beiden Arbeitseinheiten und aus den Auslegungen zum Evangelium jeweils am Dienstagabend entstanden sind.

Beginnen wir mit seiner Einführung in die tiefenpsychologische Schriftauslegung, die dazu anregen soll, die Bilder der biblischen Texte sich selbst einzubilden und dadurch die Texte auf sich wirken zu lassen. Versuchen Sie sich dabei selbst in diesen Bildern wiederzufinden und lassen Sie sich, wenn es für Sie stimmt, auf die kleine Übung ein, zu der Pater Anselm im Anschluss an seine Ausführungen einlädt.

Pater Anselm Grün OSB

Die gekrümmte Frau

In Bildern denken

Es geht mir bei der Einführung in die tiefenpsychologische Schriftauslegung nicht um psychologische Theorien, sondern um den Mut, in Bildern zu denken und die Bilder der biblischen Texte sich selbst einzubilden und dadurch die Texte auf sich wirken zu lassen. Dabei dürfen wir Bild und Faktum nicht auseinanderreißen. Die Bibel erzählt Geschehenes. Aber das Geschehene wird immer schon durch Bilder gedeutet. Und wir können nicht mehr das reine Faktum vom Bild trennen. Das Geschehene bekommt für uns nur dann eine Bedeutung, wenn es gedeutet ist. Und wir dürfen vertrauen, dass die Deutung dem Wesen Jesu entspricht und seine heilende Kraft zu uns strömen lässt.

Bei den Heilungsgeschichten geht es darum, dass wir uns selbst in dem Kranken wiederfinden. Wir sind nicht körperlich gelähmt oder blind oder stumm oder taub. Aber all diese Krankheiten sind ja zugleich ein Bild für unsere eigene innere Situation. Wir sind oft genug verstummt, wenn man unsere Worte lächerlich macht. Wir fühlen uns aussätzig, können uns selbst nicht ausstehen und fühlen uns von allen andern abgelehnt. Angst kann uns lähmen und blockieren. Dann gilt es, die konkreten Schritte der Heilung zu meditieren, mit denen Jesus den Kranken behandelt, berührt oder anspricht.

Indem wir die Bibeltexte meditieren, kann die Heilung auch an uns geschehen

Wir sollten diese Schritte der Heilung dann auf uns anwenden. Indem wir die Bibeltexte meditieren, kann die Heilung auch an uns geschehen. Oder aber indem wir die Bibeltexte in der Eucharistie gleichsam in einem heiligen Spiel darstellen, werden wir hineingenommen in die heilende Kraft dieser Texte. Dann geschieht an uns heute, was damals durch Jesus an den Menschen geschehen ist.

Die Heilungsgeschichten sind dann Bilder, mit denen wir den immer gleichen Ritus des Kommunionempfangs deuten und so intensiver erfahren dürfen. Dann kommen wir wie die blutflüssige Frau, die sich verausgabt hat, zu Jesus und erfahren in der Kommunion, dass wir gesehen werden, dass uns gute Worte gesagt werden, dass uns die Heilung zugesprochen wird.

Wir stellen in der Gruppe dann die Heilung der gekrümmten Frau körperlich dar, indem wir zunächst aufrecht stehen, uns dann hängen lassen und so mit gebeugtem Rücken durch den Raum gehen. Dann richte ich den ersten auf, indem ich ihm den Rücken streichle und dann mit Kraft den Rücken stärke. Dabei richtet sich der einzelne gleichsam von selbst auf. Er kommt durch meine Berührung in Berührung mit seiner eigenen Kraft. Wer von mir aufgerichtet ist, richtet dann einen anderen auf und so weiter. So kommen wir durch diese einfache Übung an eigene Erfahrungen von Gebeugtsein, Gedrücktwerden, Gekrümmtwerden, Entwertetwerden heran und zugleich erfahren wir, wie wohltuend es ist, sich gegenseitig aufzurichten.

Die Gleichnisse stellen gleichsam Jesu Gesprächstherapie dar

In der tiefenpsychologischen Auslegung geht es darum, dass wir alle unsere Bereiche von Leib und Seele in Dialog mit den Texten der Bibel bringen, damit der ganze Mensch Heilung und Verwandlung erfahren kann. Die Heilungsgeschichten zeigen, wie wir mit unseren Wunden geheilt werden können. Die Gleichnisse zeigen uns ein anderes Bild von Gott und von uns selbst.

Viele psychischen Probleme rühren daher, dass wir ein falsches Selbstbild und ein falsches Gottesbild haben. Die Gleichnisse wollen uns provozieren. Es gibt in fast allen Gleichnissen einen Punkt, an dem wir uns ärgern. Und dort, wo wir uns ärgern, will Jesus uns zeigen, dass wir ein falsches Selbstbild und ein falsches Gottesbild haben.

Die Gleichnisse stellen gleichsam Jesu Gesprächstherapie dar. Jesus vermittelt uns in den Gleichnissen ein neues Bild von uns selbst und von Gott, ein Bild, das unserem Wesen entspricht und daher heilsam ist für uns.

Pater Deocar Engelhard OSB

Was sagt mir der Splitter im Auge des anderen?

»Richtet nicht, damit ihr nicht gerichtet werdet. Mit dem Maß, mit dem ihr messt und zuteilt, wird euch zugeteilt ...« (vgl. Matthäus 7,1–5). In beeindruckend klaren und knappen Sätzen sagt Jesus, was wir tun beziehungsweise nicht tun sollen. Dabei fällt uns genau dies so schwer, wir ertappen uns immer wieder, dass wir andere beurteilen und oft auch verurteilen. Wir meinen zu wissen, was richtig ist, und entsprechend setzen wir unseren Maßstab als objektiv und allgemein gültig, den die anderen doch kapieren müssten, wenn sie nur ein wenig guten Willen hätten. Wir stellen uns damit über die anderen und urteilen von oben herab.

Hier setzt Jesus an. Er möchte, dass wir uns nicht besser dünken oder höher stellen, sondern eher unsere eigene Realität im Auge behalten und selbstkritisch, demütig bleiben – also lieber dem anderen dienen als ihn klein machen. Als »Hilfe« zum Nachdenken setzt er fast eine Drohung ein: Bedenkt, dass Gott mit euch so umgeht wie ihr mit den Nächsten und ebenso an euch den Maßstab anlegt, mit dem ihr den anderen messt. Der Satz erinnert an Matthäus 25,40: »Was immer ihr dem Geringsten getan habt, das habt ihr mir getan.«

Verdeutlicht wird die Aussage noch im zweiten Teil, wenn vom Splitter im Auge des Bruders die Rede ist. Wir sind immer gefährdet, die Fehler beim Nachbarn genauer zu sehen als unsere eigenen, vor allem schärfer hinzusehen und härter zu urteilen. Dies ist auch verstehbar, vor allem bei Fehlern, die wir bei uns selbst kennen und an denen wir immer wieder mehr oder weniger erfolglos herumkurieren. Gerade wenn wir uns so abmühen, fällt es uns doppelt schwer zu ertragen, dass andere etwas tun, was wir uns verbieten oder wogegen wir uns so anstrengen. Wir haben dafür ein besonders waches Auge. Also ist es kein Wunder, dass wir dann lieber den Splitter beim anderen feststellen und viel weniger sehen wollen und können, wie sehr wir selbst immer wieder daran scheitern.

Die Psychologen wissen um unsere Tendenz, die eigenen Fehler eher und lieber beim anderen zu korrigieren, weil dies leichter scheint und weniger frustriert. Zumindest aber können wir dann ungestraft und ohne Konsequenzen schimpfen und tadeln.

Ich sollte mir aber immer wieder die Fragen stellen: Warum stört mich ein Verhalten so sehr? Was spiegelt es mir über mein eigenes Tun und mein eigenes Verhalten? Möge es uns öfters gelingen, der Frage nachzugehen, warum mich etwas beim anderen provoziert und was es mir über mich und mein Tun zeigt, über mich und meine Grenzen sagen möchte.

Wunibald Müller

Irritationen und Kränkungen

Dr. Ruthard Ott arbeitet seit über 20 Jahren als psychologischer Psychotherapeut im Recollectio-Haus. Neben seiner psychotherapeutischen Kompetenz bringt er auch seine Erfahrungen als Supervisor für kirchliche Mitarbeiter und Mitarbeiterinnen und als Dozent am Priesterseminar in Würzburg in seine Arbeit im Recollectio-Haus mit ein. Seinen Anregungen verdankt das Recollectio-Haus unter anderem auch den Ausbau des sportlichen Angebotes.

Auf dem Hintergrund seiner Tätigkeit als Supervisor, Psychologischer Psychotherapeut, seinen Erfahrungen als Pastoralpsychologe und Dozent im Priesterseminar Würzburg und an der Universität Würzburg sowie seiner Arbeit im Recollectio-Haus hat Dr. Ruthard Ott den Eindruck, dass augenblicklich die Zahl der kirchlichen Mitarbeiterinnen und Mitarbeiter zunimmt, die so nicht mehr weitermachen können oder wollen. Immer mehr kirchliche Mitarbeiter und Mitarbeiterinnen fragen sich: Wo und wann ist bei den derzeitigen Umstrukturierungsmaßnahmen die Stress- und Schmerzgrenze erreicht? Sie möchten – wie das Thema einer Podiumsdiskussion anlässlich des zwanzigjährigen Bestehens des Recollectio-Hauses gelautet hat – »Mensch bleiben in der Firma Kirche«. Was daran hindert, aber auch was dazu beiträgt, in der Firma Kirche Mensch zu bleiben, darüber hat sich Ruthard Ott in dem folgenden Beitrag einige Gedanken gemacht.

Dr. Ruthard Ott

Was irritiert und was kränkt pastorale Mitarbeiterinnen und Mitarbeiter?

Die Begriffe »Arbeit und Beruf« sind im Blick auf eine Tätigkeit im Feld der Seelsorge eher unüblich. Wir sprechen lieber vom Dienst, häufig von einem besonderen Dienst, zu dem eine besondere Berufung und Sendung gehört. Dabei ist Seelsorge nüchtern betrachtet Arbeit im Weinberg des Herrn, nämlich Arbeit von Menschen für Menschen zusammen mit anderen (Menschen) im Dienst am Aufbau des Reiches Gottes. Sie umfasst Tätigkeiten und Aufgaben in den Handlungsfeldern der *Diakonia* (als Sorge für die Notleidenden und Bedürftigen), der *Martyria* (Glaubensweitergabe und Verkündigung, Schule) und der *Liturgia* (Sakramentenspendung, Feier der Gottesbegegnung).

Das ehrenamtliche und hauptberufliche Engagement in diesen drei Aufgabenfeldern dient dem Aufbau der Gemeinden (der *Koinonia*). Den Aufgabenkatalog – oder besser: die »To-do-Liste« – bestimmen in der Regel das Kirchenjahr und die Lebenswenden.

Ein kirchlicher Arbeitsplatz eröffnet vielen Frauen und Männern – wie man beim Blick in die Runde im Recollectio-Haus sieht – die Möglichkeit zum Broterwerb.

Wenn Menschen gut zusammenarbeiten, wenn das Miteinander von Respekt und Verständnis geprägt ist, entwickeln sich freundschaftliche, kollegiale Beziehungen, die über Jahre erhalten bleiben. Beziehungen unter Arbeitskollegen/innen sind häufig intensiver als familiäre Bindungen. Andererseits können im beruflichen Miteinander auch Irritationen, Enttäuschungen, Verletzungen und Kränkungen entstehen – vorübergehend und situationsbezogen oder sie breiten sich anhaltend aus und belasten dauerhaft das Klima. Ich erinnere nur an das Mobbingthema, das in den letzten Jahren verstärkt auch Eingang in den Sprachgebrauch pastoraler Mitarbeiter/innen gefunden hat.

Bei unserem gemischten Konvent auf Zeit im Recollectio-Haus dauert es manchmal trotz guten Willens keine vierzehn Tage, bis der Vorschuss an Sympathie und Wertschätzung unter den Brüdern und Schwestern aufgebraucht ist. Die räumliche Enge befeuert die Rivalität und Konkurrenz und macht Stress. Die Auseinandersetzung mit der Andersartigkeit der anderen fordert heraus. Durch die eigene Sensibilität und Verletzlichkeit wird man anfällig für Verletzungen und Kränkungen durch andere.

Die Themen unserer Gäste sind häufig struktureller und persönlicher Natur. Anlass für Spannungen sind das Miteinander von Klerikern und Laien und das Verhältnis von Mann und Frau in der Kirche überhaupt. Oft geht es um die rechtmäßig gefeierte Liturgie im Haus, um das rechte Maß von Spiritualität und Psychologie im Programm, um die Einhaltung der hierarchischen Ordnung und um Provokationen mittels eines klerikalen Sprach- und Führungsstils *ex cathedra*. Meistens sind es ganz menschliche Bedürfnisse und Themen, die aus dem Hintergrund in den Vordergrund rücken: Es geht um Macht, Einfluss und Anerkennung (Angstabwehr) und um Wertschätzung, Zuwendung und Zugehörigkeit.

Der »gemischte Konvent auf Zeit« ist gleichsam Mikrokosmos und Spiegel der Konflikt- und Kränkungsdynamiken in Seelsorgeteams und Brennpunkt struktureller kirchlicher Spannungen vor Ort. Die Dynamik in der Gruppe wird zum Lernfeld für die Dynamik vor Ort.

»Wo die Tugend lebt, ist die Untugend nicht weit weg«

»Wo die Tugend lebt, ist die Untugend nicht weit weg«, heißt es in einem Sprichwort. Man muss grundsätzlich mit Irritationen und Kränkungen rechnen, wenn man einen pastoralen Beruf ergreift. Der hohe ethische Selbstanspruch (wir sehen uns als Dienstgemeinschaft von Brüdern und Schwestern; wir haben das urgemeindliche Bild: »Ein Herz und eine Seele« vor Augen; uns leitet das Kirchenbild Tertullians aus dem 1. Jahrhundert: »Seht, wie sie einander lieben«; wir denken an Matthäus 20,25: »Die Herrscher unterdrücken ihre Völker und die Mächtigen missbrauchen ihre Macht. Bei euch soll es nicht so sein.«) legt die Anspruchslatte auf eine Höhe, bei der aus psychologischer Sicht die Wahrscheinlichkeit für die Entstehung von Irritationen und Enttäuschungen geradezu zunehmen muss.

Irritationen, nicht wissen, wo man »dran« ist, nicht wissen, »was Sache ist«, nicht wissen, was man davon halten soll, wie das Gesagte einzuordnen ist, das eine Mal so – ein anderes Mal so: Verunklarungen und Verunsicherungen entstehen in der Regel durch inkongruente Nachrichten und Doppelbotschaften. Die Absender können Führungsverantwortliche sein, die Auftraggeber und Vorgesetzten, aber auch Kollegen/innen, ehrenamtlich Tätige und die Adressaten der pastoralen Arbeit. Hinzu kommt die eigene, innere Ambivalenz (»zwei Seelen in der Brust«), die den Vorgang der Irritation verstärken kann.

Irritationen werden in der Denkpsychologie positiv als schöpferische Voraussetzung für neue Lösungen betrachtet. Das irritierte Denken durchbricht die »Gestaltgesetze« (zum Beispiel das der geschlossenen Gestalt/Ganzheit) und lässt neue, kreative Möglichkeiten in den Blick kommen. Im beruflichen Kontext führen jedoch durch Doppelbotschaften ausgelöste Irritationen bei einer hohen Rollen-Abhängigkeit beziehungsweise bei einer allzu großen inneren Anhänglichkeit zu unselige Doppelbindungen: »Egal, was ich mache, es reicht nicht aus, es ist nie ganz richtig, ich erfahre nicht die Wertschätzung, die ich verdiene.«

Sie kennen vielleicht das Beispiel, das Schulz von Thun in seiner Trilogie zur menschlichen Kommunikation beschrieben hat: Der erwachsene, aber noch muttergebundene Sohn bekommt zwei Krawatten geschenkt. Als er eine davon trägt, sagt die Mutter: »Die andere gefällt dir wohl nicht.« Mitarbeiter/innen bei der Mutter Kirche, die Doppelbotschaften und Doppelbindungen ausgesetzt sind, befinden sich wie der Sohn in einer Zwickmühle. Sie hören zum Beispiel, dass sie gebraucht werden, und sie hören gleichzeitig, dass man sie sich in Zukunft nicht mehr leisten kann. Sie hören, dass sie in den neuen Seelsorgeräumen einen wichtigen Dienst tun, aber keine Seelsorger/innen sind.

Die Kommunikationspsychologie bezeichnet inkongruente Nachrichten wegen ihrer fatalen Wirkung als Krankmacher. Diese Gefahr besteht vor allem, wenn der Empfänger vom Sender abhängig ist, wenn er der Situation nicht entfliehen kann und nicht zur Meta-Kommunikation in der Lage ist.

Irritationen und persönliche Kränkungserlebnisse, die wir als Erwachsene erleben, knüpfen in der Regel an frühere Kränkungserlebnisse an. Die frühen lebensgeschichtlichen Verletzungen und Beschämungen verstärken das aktuelle Konfliktgeschehen und erschweren die Verarbeitung.

Laienseelsorger in der Zwickmühle

Nach meiner Einschätzung befinden sich die Berufsgruppen der gut ausgebildeten Laienseelsorger/innen eigentlich von Anfang an in einer Zwickmühle. Mit der Ausnahme der Tätigkeit in einem kategorialen Bereich (pastorale Nische) kann sich der einzelne beruflich nicht richtig profilieren. Ihm/Ihr scheint im Unternehmen Kirche immer etwas Wesentliches zu fehlen. Nicht zuletzt deswegen ist in unserer Diözese vor einigen Jahren eine Reihe von Gemeindereferenten/innen in die Schule abgewandert, wo sie sich als Religionslehrer/innen eine feste zeitliche Struktur und mehr Anerkennung in der Lehrerrolle erhofften.

Das Klagen über enttäuschende Leitungsentscheidungen »von oben« scheint derzeit – mit Ausnahme einiger Diözesen – ein wenig leiser zu werden. Aber der Spagat durch die zunehmende Aufteilung und Aufsplitterung der Stellen und die Verletzungen in der Zusammenarbeit mit geweihten Kollegen und Vorgesetzten binden Energien. Bei 15,5 Stunden in der Gemeinde, 19,5 in einer Projektstelle und vier Stunden im Fortbildungsbereich ist ein »Verzetteln« vorprogrammiert. Das Charisma der Bilozität ist niemanden gegeben (Multitasking, *semper ubique*, immer im Dienst, Erwartung zusätzlicher ehrenamtlicher Tätigkeit und so weiter).

Zu den strukturellen Kränkungen und Verletzungen haben in den letzten Jahren vor allem folgende Leitungsentscheidungen beigetragen: das offizielle Predigtverbot, die Rücknahme der Pfarrbeauftragungen, die Einschränkungen bei den Wort-Gottes-Feiern, das Diskussionsverbot über den Zugang der Frau zum Amt, die geringen Einstellungszahlen und das Aussetzen der Ausbildung beziehungsweise Schließen von Ausbildungsstätten. Geblieben ist das Spannungsfeld, dass der/die Mitarbeiter/in einerseits nicht mit den Priestern konkurrieren soll und andererseits das ehrenamtliche Engagement in den Gemeinden nicht ersetzen oder behindern darf. Relativ gut bezahlt, hängen nach wie vor der Platz, der Aufgabenkatalog und die berufliche Anerkennung der angestellten Laienseelsorger/innen von der Person, dem Führungsstil und der Loyalität des jeweiligen leitenden Pfarrers ab. Eine Versetzung des Chefs – gerade wenn man sich einigermaßen gut verstanden hat – kann das ganze Gefüge ins Rutschen bringen.

Nicht wenige Laien lösen das Dilemma, indem sie auf ihre besondere Berufung verweisen und ihren Beruf nicht nur zu einem wichtigen, sondern zum wesentlichen Lebensinhalt machen. Im »Mitzieheffekt« und in der Faszination des geistlichen Amts geraten sie – wie ihre Brüder im Amt – in eine totale Rolle: »Du bist Priester auf ewig nach der Ordnung des Melchisedechs« – leider jedoch nicht geweiht. Die Unternehmensphilosophie der Institution befeuert dies: »Ein wahrer Caritäter schaut nicht auf die Uhr!«

Da infolge der anwachsenden Einsatzgebiete immer mehr Aufgaben von immer weniger Mitarbeiter/innen übernommen werden sollen, neigen sie dazu, immer im Dienst zu sein, immer erreichbar zu sein, allen alles zu werden, mit Hingabe und Engagement ihre Berufung zu beweisen – und verausgaben sich dabei (Burnout). Dabei bewahrheitet sich das Wort, das wir aus dem familiären Alltag kennen: »Jede Opferhaltung führt nicht selten zu einer Anspruchshaltung.« Man erwartet beim Aufopfern im erhöhten Maße Akzeptanz und Wertschätzung. Bleibt dies aus, dann verschärft das Überengagement den Kreislauf der Enttäuschung, Verletzbarkeit und Kränkung. »Geben ohne sich zu verausgaben – und nehmen ohne unfruchtbar zu werden«, empfiehlt Pater Anselm Grün unseren Gästen.

Trotz alledem scheint nach Untersuchungen von Christoph Jacobs ein Großteil der Mitarbeiterschaft zufrieden mit dem gewählten Beruf und sie ist häufig auch dankbar für den Arbeitsplatz in der Kirche. Das werden die meisten von ihnen ähnlich empfinden. Beide Seiten müssen im Blick behalten werden: Die Zufriedenheit und Dankbarkeit, aber auch (vorübergehend oder dauerhaft) die Irritation und Frustration – oder plakativer ausgedrückt: Kopfschütteln, Wut im Bauch, Ohnmachtgefühl und Sprachlosigkeit. Dabei wissen wir: Konflikte am Arbeitsplatz kommen in allen beruflichen Sparten vor.

Auf dem Hintergrund meiner Tätigkeit als Supervisor und Psychologischer Psychotherapeut scheint mir jedoch augenblicklich die Zahl der Mitarbeiter/innen zuzunehmen, die so nicht mehr weiter machen können oder wollen. Nicht wenige fragen sich: Wo und wann ist bei den derzeitigen Umstrukturierungsmaßnahmen die Stress- und Schmerzgrenze erreicht? Sie möchten – wie das Thema einer Podiumsdiskussion anlässlich des zwanzigjährigen Bestehens des Recollectio-Hauses gelautet hat – »Mensch bleiben in der Firma Kirche«.

Wenn strukturelle Anteile individualisiert und individuelle Anteile strukturalisiert werden

Wenn Persönliches, Zwischenmenschliches, Institutionelles und Strukturelles zusammenkommt, wird ein Enttäuschungs- und Kränkungskreislauf in Gang gesetzt. Dabei neigen wir im kirchlichen Kontext nicht selten dazu, strukturelle Anteile zu individualisieren und individuelle Anteile zu strukturalisieren. Einige Beispiele sollen dies verdeutlichen:

Die derzeitige Vergrößerung der Seelsorgeeinheiten wird von der Thematik der Überlastung und Überforderung des Personals (nicht nur der Priester) begleitet. Nicht selten kann man von den Verantwortlichen für den Personaleinsatz das Bedauern hören, dass man heute eben nicht mehr die robusten und einsatzbereiten Mitarbeiterinnen und Mitarbeiter zur Verfügung hätte, wie dies in früheren Jahren der Fall gewesen sei. Strukturelle Anteile werden individualisiert, die Mitarbeiterschaft fühlt sich (zu Recht) entwertet.

Ein priesterlicher Chef, der seine zölibatäre Lebensform mit einem ausgeprägten Bewusstsein – »*rector ecclesiae* bin ich« – kompensiert, neigt (bewusst oder unbewusst) dazu, das Engagement seiner hauptberuflichen und ehrenamtlichen Laien zu entwerten. Der Zusammenhang zwischen der gewählten Lebensform und dem kirchenrechtlichen Status befeuert das Konfliktpotential vor Ort und schafft eine neue Struktur, in der zum Beispiel hauptberufliche Mitarbeiter/innen nur noch eine Assistenz- oder Hilfsfunktion (»Oberministrantenfunktion«) übertragen bekommen. Individuelle (Macht-)Bedürfnisse und Prestige-Anteile werden strukturalisiert (bilden neue Strukturen). Wie extrem sich diese Zusammenhänge auswirken können, zeigt das Beispiel einer Pastoralreferentin, die mit dem Aufzug eines neuen Pfarrers keine Krankenkommunion mehr austeilen darf, da sie eine Frau ist.

Und ich denke an einen zunächst nebenberuflich tätigen Diakon, der nach einer erfolgreichen Tätigkeit in der Internetbranche hauptberuflich in die Seelsorge wechselt und erst irritiert, dann frustriert reagiert, da ihm vom Pfarrer und von der Kirchenverwaltung die aus seiner Sicht selbstverständlichen Arbeitsvoraussetzungen wie Diensthandy, Laptop und eigenes Büro verweigert werden.

Irritationen und Kränkungen können jedoch auch auf kollegialer Ebene entstehen. Eine Gemeindereferentin in den mittleren Jahren fühlt sich umworben und geehrt, als sie von einem Pastoralreferenten um die Mitarbeit in seinem Seelsorgeteam (in der Klinik) gebeten wird. Sein Kollege und er wünschten sich bewusst eine Frau im Team und sie wäre genau die Richtige. Wie Mehltau breitet sich nach kurzer Zeit eine tiefe Ernüchterung und Enttäuschung aus, die die neue Kollegin in ihrer beruflichen Identität und Selbstsicherheit massiv erschüttern. Im Beratungsgespräch mit den Beteiligten hat sich gezeigt, dass die Gemeindereferentin – obwohl neu im Feld – die schwierigsten Stationen übertragen bekam. Es war nicht geregelt, wer sie bei ihrer Abwesenheit vertritt. Sie fühlte sich alleingelassen, zumal bis zu diesem Zeitpunkt keine Besprechungstermine und keine stützende Teamkultur verabredet worden waren.

Wie heißt Ihr persönlicher Lieblingsbibelvers?

Manchmal frage ich ganz bewusst nach dem persönlichen Sendungsspruch oder Lieblingsbibelvers. Ein Gemeindereferent machte bei der

Frage, ob er den Beruf noch einmal wählen würde und ob sein Sendungsvers noch stimme, sein Empfinden an Lk 19,31 fest. Jetzt passe eher: »Bindet den Esel los! Der Herr braucht ihn.« Das Bild vom Esel und das Lebensgefühl, ein Esel zu sein – belastet zu sein, aber gebraucht zu werden –, ließ ihn durchhalten und weitermachen.

»Berufschristen« – Christen, die ihren Glauben zum Beruf machen, »erkennt man nicht selten daran, dass sie einen verkürzten Brustmuskel haben«, so eine Kollegin, die seit vielen Jahren unter der Überschrift »Körper, Atem, Stimme« Stimmbildung für Seelsorgerinnen und Seelsorger anbietet. Am körperlichen Erscheinungsbild, an der Haltung und am Atmungsvorgang kann man feststellen, dass eine Reihe von Arbeiter/innen im Weinberg des Herrn belastet, müde und erschöpft sind.

Dabei wissen wir: Wer einen Beruf ausübt, in dessen Mitte der Umgang mit Menschen steht, braucht einen positiven Zugang zum Menschsein selbst und zu seinem eigenen Menschsein: »Man muss Menschen mögen« (vier Ms). Ja, man muss sich selbst mögen, um andere auf ihrem Weg begleiten und beistehen zu können. Und das Sich-Mögen ist wahrhaft nicht selbstverständlich. Seelsorger und Seelsorgerinnen haben deshalb besonders auch an die gesunde Selbstfürsorge zu denken.

Einige Schritte zur Selbstfürsorge möchte ich aufzeigen: Irritations- und Kränkungsenergie, die uns bedrückt, soll und muss nicht nur verdrängt, unterdrückt beziehungsweise ausgehalten werden. Linderung und Heilung geschieht, wenn sie sich ausdrücken darf. Das, was uns bewegt, soll und will in Bewegung umgesetzt werden. Nicht verarbeitete unterdrückte und zurückgehaltene Kränkungsenergie setzt sich häufig autoaggressiv und selbstdestruktiv fest oder teilt sich unkontrolliert und deplatziert mit (»umorientiertes Verhalten«).

Und schon melden sich möglicherweise unsere internalisierten Killerargumente: Wenn wir uns als kirchliche Mitarbeiter/innen beklagen oder jammern, würden wir doch auf hohem Niveau klagen und jammern. In den anderen Branchen sähe es doch viel schlimmer aus. Als reife Persönlichkeiten müssten wir doch reflektiert und rational mit den erlösungsbedürftigen Gegebenheiten umgehen, ja als Fachleute des Verstehens müssten wir geradezu Verständnis dafür haben, wenn die Dinge nicht so sind, wie sie sein sollen (*compassion fatigue*). Als spirituelle Menschen müssten wir doch leidensfähig sein und unsere Kränkungen unter das Kreuz legen (*imitatio christi*).

So richtig diese Gedanken sein mögen, so wenig sind sie auf Dauer wirksam und hilfreich. Unser Körper ist ehrlich. Was nicht ausgetragen wird, wird häufig mitgeschleppt beziehungsweise nachgetragen! Bereits die Psalmen im Alten Testament kennen die befreiende Kraft der *Katharsis*, der Reinigung. Sie geht der *Metanoia*, der Umkehr, dem Neuanfang voraus.

Erlauben wir uns also den ersten Schritt, nämlich das, was uns im beruflichen Alltag irritiert und kränkt, was uns trifft und betroffen macht, ins Wort oder in den Ausdruck zu bringen. Und: Achten wir in den Gruppen des Recollectio-Hauses auf einen vertrauensvollen und verschwiegenen Umgang mit dem Ausgesprochenen und Anvertrautem. Interessante Möglichkeiten warten dort auf Sie!

Fragen und Denkanstöße:

- *Was hat Sie bewegt, einen Beruf in der Kirche zu ergreifen?*
- *Wie lautet Ihr Lieblingsbibelvers beziehungsweise Ihr Aussendungswort?*
- *Wie geht es Ihnen in Ihrer Berufsrolle heute? Was irritiert und kränkt sie eventuell?*
- *Würden Sie Ihren gewählten Beruf im pastoralen Feld noch einmal ergreifen?*
- *Wovon träumen Sie manchmal?*

Pater Zacharias Heyes OSB

Selig die Sehnsüchtigen, die sich sehnen nach Gott

In 2 Korinther 1,1–7 lesen wir folgenden Satz des heiligen Paulus: »Gnade sei mit euch und Friede von Gott, unserem Vater, und dem Herrn Jesus Christus.«

Dieser Gruß ist in die Liturgie der katholischen Kirche eingegangen. Es ist ein Gruß, mit dem der Priester den Gottesdienst eröffnen kann. Damit ist uns Gottes Friede zugesagt und zugesprochen. Das ist das Tiefste, was Gott dem Menschen schenken kann: Frieden.

Das meint zunächst den Frieden im eigenen Herzen. Ich darf so da sein, wie ich jetzt gerade da bin – im Gottesdienst. Ich muss nichts beschönigen, aber auch mich nicht klein machen. Gott nimmt mich so, wie ich bin.

In Matthäus 5,1–12 lesen wir die Seligpreisungen Jesu. Im Griechischen ist das Wort »selig« gleichbedeutend mit »glücklich«. Gott also schenkt uns nicht nur seinen Frieden, sondern will uns auch glücklich machen.

Manchmal sagen wir es in unserem Sprachgebrauch: »Der ist aber selig« und meinen: Der ist glücklich. Jesus spricht diese Seligkeit den Trauernden, den Hungrigen, den Verfolgten zu – denen, die von dieser Welt nichts mehr erhoffen oder erwarten können; denen, die enttäuscht worden sind, links liegen gelassen und durch das soziale Netz gefallen sind; denen, deren Not nicht gesehen wird, und denen, die nicht zurückschlagen und friedfertig bleiben – also all denen, die von Gott her alles erwarten, die ihr Herz offen halten, die ihre Sehnsucht nicht von dieser Welt töten lassen.

Man könnte sagen: Selig die Sehnsüchtigen, die sich sehnen nach Gott – und nach seinem Frieden und Trost in ihren Herzen. Dieser Frieden ist uns zugesagt.

Wunibald Müller

Etwas Neues schaffen

Schwester Sylvia Platte hat wie ihre Vorgängerinnen Schwester Julietta Götz und Schwester Christiane Sartorius eine besondere Aufgabe im Recollectio-Haus. Sie wohnt in einer Einliegerwohnung im Recollectio-Haus und ist damit oft die erste Ansprechpartnerin für die Gäste des Hauses. Sie kümmert sich um die Gesamtatmosphäre des Hauses, pflegt den Kontakt zu den Angestellten wie Frau Gabriele Mergenthaler, Frau Birgit Ringelmann und Frau Gertrud Wolf.

Darüber hinaus ist Schwester Sylvia zuständig für das kreative Arbeiten, bei dem sie durch ihre Mitschwester Paula van der Laan unterstützt wird. Einmal in der Woche gibt sie für die Gruppe einen spirituellen Impuls, bei dem sie oft auch auf die Erfahrungen eingeht, die aus der Kreativarbeit erwachsen sind.

Es hat sich über die Jahre des Bestehens des Recollectio-Hauses als wichtig erwiesen, dass ein Teammitglied im Recollectio-Haus lebt. Für diese Person ist es dann immer auch eine Kunst, eine gute Balance zu finden: auf der einen Seite in besonderer Weise mit den Gästen verbunden zu sein, zugleich aber auch für sich die richtige und notwendige Distanz zu finden. Ehemalige Gäste, die spontan zu einem kurzen Besuch vorbeikommen, schätzen es, im Recollectio-Haus jemanden anzutreffen, der sie begrüßt und etwas Zeit für sie hat.

Im folgenden Beitrag lässt Schwester Sylvia den Leser und die Leserin an ihren ganz persönlichen Erfahrungen bei ihrer Arbeit im Recollectio-Haus und den persönlichen Begegnungen mit den Gästen des Hauses teilhaben.

Sr. Sylvia Platte MMS

»Klammere dich nicht an das, was hinter dir liegt«

Klammere dich nicht an das,
was hinter dir liegt.
Ich schaffe jetzt etwas Neues.
Es kündigt sich schon an.
Merkst du es nicht? ...

Jesaja 43.18b,19a

Diese biblischen Worte spielen eine besondere Rolle in meinem Leben. Sie waren immer da, wenn es Wegkreuzungen, Veränderungen, Umbrüche, Neuanfänge gab. Es sind für mich einladende, herausfordernde, tröstende Worte ... Auch wenn ich unseren Gästen des Recollectio-Hauses begegne, kommen mir die Worte des Öfteren in den Sinn. Ich frage mich dann: Was könnten Sie für ihren Weg bedeuten?

Die persönliche Lebensbiographie spielt im Programm des Recollectio-Hauses eine große Rolle: Wie bin ich der Mensch geworden, der ich jetzt bin? Wer und was beeinflusste und prägte mein Leben in der Vergangenheit? Was kennzeichnet mein Leben jetzt in der Gegenwart? Was macht »mich« aus, gibt mir meine Identität? Und wohin möchte ich mich ausstrecken auf Zukunft hin?

Die einzelnen Phasen meines Lebens anzuschauen, ohne sie zu bewerten, zu sehen und vor allem »nachzuspüren«, welche Bedeutung und Ressourcen in ihnen liegen, darum geht es bei der Betrachtung meiner Biographie.

Diese Lebensspanne erkenne ich auch in den Worten von Jesaja. Zugleich führt er uns einen Schritt weiter, wenn er sagt: »Klammere dich nicht an das, was hinter dir liegt!« Nutze deine Talente und Gaben, deine eigene Lebensweisheit, die *dir heute* helfen können und weiter entwickelt werden wollen. Und gib dem, was dich (vielleicht zutiefst) verletzte, erneut die Chance zu *heilen*. Es wird eine Narbe bleiben, die du von Zeit zu Zeit spürst. Aber: Es ist eine »Narbe«, die dich erinnern kann, für Dich selbst zu sorgen, wie die erwachsene Frau, der erwachsene Mann nun selbst für sein »inneres Kind« sorgt und »dem Kind« das zum Leben gibt, was ihm früher vorenthalten wurde. Wenn ich diese Haltung einübe, klammere ich mich nicht an die Zeit des hilflosen und ausgelieferten Kindes, sondern übernehme selbst die Verantwortung für mein Leben.

Dann werde ich erfahren: Es wird »etwas Neues geschaffen, das sich im Hier und Jetzt bereits ankündigt!« Und mir gilt die Frage: »Merkst du es nicht?« Hellwach im Leben stehen, wahrnehmen, was *ist*, das können wir tagtäglich neu lernen. So strecken wir uns aus nach der Zukunft, unserer eigenen Zukunft.

Hat das alles irgendetwas mit Spiritualität, gar mit *Gott* zu tun? Spielt dieser Gott eine Rolle in meinem Leben? Ich glaube, nur wenn ich mein ganz reales Leben möglichst wertfrei in den Blick nehmen kann, kann ich Gottes Spuren darin er-spüren. Ein Gott, der mir zeigt: Ich will, dass du *lebst* ... nicht nur über-lebst! Das ist fürwahr eine Entdeckungsreise, die Mut und Vertrauen erfordert.

Ich schätze unsere Gäste sehr, die sich genau dem aussetzen. Und es gehört zu den »Sternstunden« meines Berufes, wenn ich sehe, wie Menschen kommen und wie sie wieder unser Haus verlassen. Wir Menschen bleiben »dieselben«, aber etwas in uns kann sich neu ordnen. Vermeintliche Prioritäten können sich als zweitrangig erweisen und Unbeachtetes in den Vordergrund rücken. So entsteht nicht selten ein neues Selbstbild und Selbstvertrauen, ein neues Gottes- und Lebensbild. Sie lassen eine neue Art von »Schönheit« erstrahlen. Schönheit, die sich in den Augen und im Antlitz der Menschen widerspiegelt. Sie kommt aus einem inneren »Beziehungsraum«, wo wir eine geheilte Beziehung zu uns selbst, zu anderen und zu Gott erfahren ... aus einem Raum, der ganz und gar dem *Leben* verschrieben ist ... aus einem »heiligen« Raum, der in jedem Menschen bereits anwesend ist, aber entdeckt und geöffnet werden will.

Um solch einen Weg im Recollectio-Haus ein wenig nachvollziehen zu können, hilft vielleicht eine Meditation, die wir im letzten Morgengebet eines jeden Kurses auf uns wirken lassen:

Was es ist

Es ist Unsinn
sagt die Vernunft.
Es ist, was es ist,
sagt die LIEBE!

Es ist Unglück
sagt die Berechnung ...
es ist nichts als Schmerz
sagt die Angst ...
es ist aussichtslos
sagt die Einsicht.
Es ist, was es ist,
sagt die LIEBE!

Es ist lächerlich
sagt der Stolz ...
es ist leichtsinnig
sagt die Vorsicht ...
es ist unmöglich
sagt die Erfahrung.
Es ist, was es ist,
sagt die LIEBE!

Erich Fried, Was es ist, aus: Es ist was es ist

Es ist, was es ist ...

Ich bin zum Recollectio-Haus gekommen
mit Erwartungen und Sehnsüchten.
Sie wurden erfüllt ... nicht erfüllt ... *anders* erfüllt.
Es ist, was es ist, sagt die Liebe.

Mir wurden angeboten Reiten und Aikido, Feldenkrais und Lauftreff,
Leiberfahrung in unterschiedlichen Formen,
Autogenes Training, Bewegung zu Musik und sakraler Tanz,
Gestalten mit Farbe und Papier, Ton und Stein,
Scherben und vielfältigen Materialien ...
Es galt die Einladung, schöpferische Kraft in mir zu entdecken,
ich ließ mich darauf ein, überwand meine Widerstände und
machte neue Erfahrungen in mir und mit mir,
es tat mir gut oder war weniger mein Fall ...
Es ist, was es ist, sagt die Liebe.

Es gab Einzel- und Gruppengespräche,
die Begleiter verstanden mich ... und manchmal auch nicht,

wir suchten und haben gerungen um *Wahrheit* und *Echtheit*,
um »meinen persönlichen Gott« und seinen Weg mit mir,
Gott Vater und Gott Mutter,
es fanden immer wieder Momente von »Geburt ins Leben« statt.
Es ist, was es ist, sagt die Liebe.

Ich näherte mich dem Zentrum meiner Energie,
fand den »heiligen Raum in mir« ...
entfernte mich wieder,
wurde neu beschenkt
und ganz still oder maßlos überrascht vom Leben, das geschieht.
Es ist, was es ist, sagt die Liebe.

Ich wurde gesehen und respektiert, ermutigt und geliebt,
nicht erkannt und nicht verstanden,
wir trauerten und feierten miteinander,
ich erfuhr tiefe Wurzeln, Kraft- und Lebensquellen in mir.
Es ist, was es ist, sagt die Liebe.

Ich bin verunsichert, habe Angst und bin mutig,
blockiere und verstumme,
stammle sprechend und schreibend Worte und erfahre, »es strömt erneut in mir«,
ich öffne mich, verschließe mich, schütze und bewahre,
zweifle, glaube und suche ...
gehe ins *Leben*,
entscheide mich,
entscheide, nicht länger zu überleben,
sondern mit Haut und Haaren zu *leben*!

Es ist, was es ist, sagt die Liebe!

Bruder Pascal Herold OSB

Gott hat gelacht

Unser Leben braucht Augenblicke mit Feier- und Festcharakter. So wird mit Sprache, Tanz und Musik das, was an Leben in uns steckt, gewürdigt. An manchen Tagen, in manchen Momenten bricht er durch, der Augenblick mit Feier- und Festcharakter.

Im Vorwort seiner Regel zitiert der heilige Benedikt Psalm 34,6: »Wer ist der Mensch, der das Leben liebt und gute Tage zu sehen wünscht?«, so die deutsche Übersetzung. In der lateinischen Fassung der Regel steht statt »liebt« das Wort »will«. Damit bekommt der Satz eine andere Färbung: Wer ist der Mensch, der das Leben will und gute Tage zu sehen wünscht? Pessimismus ist also nicht gefragt, sondern die Zuversicht, dass mein Leben gut und richtig ist, so wie es eben ist, und ich es deshalb annehme und bejahe: Ich will, dass ich lebe.

Wie Gott will und wie der Mensch will, da gibt es unterschiedliche Verständnisse. Es ist nicht einfach, den Willen Gottes als meinen Willen zu erkennen. In Genesis 17, 1.9–10 und 15–22 überrascht Gott Abraham und seine Frau Sara, indem er ihnen durch die Geburt von Isaak Zukunft verheißt. Beide lachen darüber, denn sie können nicht verstehen, was Gott will. Biologisch gesehen ist da kein Wollen möglich. Der Name Isaak ist Ausdruck dieses Dialogs: »Gott hat gelacht/gescherzt« oder »Gott hat zum Lachen gebracht«, so die Bedeutung. Abraham und Sara mussten über die Aussage Gottes lachen. Und er selbst bringt die beiden zum Lachen, weil sein Wille klar und deutlich genug ist.

In Matthäus 8,1–4 kommt ein Aussätziger auf Jesus zu; er will von ihm geheilt werden: »Wenn du willst, kann du machen, dass ich rein werde.« Und Jesus entgegnet: »Ich will, werde rein.« Der Aussatz verschwindet.

Gott will das Leben eines jeden von uns, er gibt uns Zukunft und glaubt an unsere Zukunft. Will ich das? Will ich leben? Ja, ich will, unbedingt!

Wunibald Müller

Wenigstens einen halben Tag im Jahr eine Reco-Zeit

Das Recollectio-Haus wird mitgetragen und mitfinanziert von den Diözesen Augsburg, Fulda, Freiburg, Limburg, Mainz, München und Freising, Paderborn, Rottenburg-Stuttgart und Würzburg. Einmal im Jahr treffen sich die Beauftragten der genannten Diözesen zum Gedankenaustausch im Recollectio-Haus. Diese Treffen tragen dazu bei, im Kontakt mit den jeweiligen Diözesen zu bleiben, sich gegenseitig zu stützen, eventuelle Missverständnisse zu klären, mögliche Auswirkungen unserer Arbeit für die Verantwortlichen in den Diözesen miteinander zu besprechen.

Diese Zusammenkünfte haben in den vergangenen Jahrzehnten einen fruchtbarer Dialog ermöglicht, der uns als Team bereicherte, bei dem wir aber auch oft den Eindruck mitnahmen, dass die Diözesanverantwortlichen dieses Forum auch als eine Gelegenheit sahen, sich mit uns über ihre Problem auszutauschen, und sie bereichert um manche neue Einsichten wieder die Heimreise antraten. Eine Teilnehmer bemerkte einmal scherzhaft: »Die Gäste haben hier drei Monate lang eine Reco-Zeit, wir wenigsten einen halben Tag im Jahr.«

Einer der Diözesanverantwortlichen, der sich besondere Verdienste um das Recollectio-Haus erworben hat, ist der inzwischen leider viel zu früh verstorbene Generalvikar Dr. Karl Hillenbrand. Ihm sowie den ebenfalls inzwischen verstorbenen Diözesanverantwortlichen Weihbischof Werner Guballa und Generalvikar Josef Heigl ist der folgende Beitrag gewidmet, in dem vom Seelsorger und der Seelsorgerin als Vergolder die Rede ist, eine Aufgabe, die auch für uns im Recollectio-Haus zutrifft.

Wunibald Müller

Der Vergolder

Alles aus?

Mich bewegt in diesen Tagen der frühe Tod des ehemaligen Generalvikars der Diözese Würzburg Karl Hillenbrand. Man fand ihn tot auf seinen Sessel sitzend, vor sich sein Brevier. Ich bin ihm oft begegnet bei offiziellen Veranstaltungen oder auch auf der Straße in Würzburgs Innenstadt. So auch noch vor wenigen Tagen, als ich mir einen Milchshake bei Mc Donald's gönnte und ich ihn vor mir in der Schlange an der Kasse entdeckte. Wir sprachen über unsere berufliche Zukunft, seinen 94-jährigen Vater, einige kirchliche Ereignisse. Er verabschiedete sich mit einem Gruß an meine Frau. Jetzt ist er tot. In wenigen Tagen wird er im Kreuzgang des Würzburger Doms seine letzte Ruhestätte finden. Ich hätte nicht gedacht, dass mir sein Tod so nahegehen, mich so sehr beschäftigen würde. Vielleicht hat dass auch damit zu tun, dass wir im gleichen Jahr geboren wurden und sein Tod mich an meine Endlichkeit erinnert, er mir wieder einmal bewusst macht, wie schnell alles aus sein kann.

Alles aus? Jetzt bin ich da angekommen, worüber ich mir in diesem Beitrag Gedanken machen will: der Seelsorger, die Seelsorgerin als Vergolder und Vergolderin. Die Idee dazu kam mir zum ersten Mal, als der Benediktiner Meinrad Dufner eine Kirchenführung ganz anderer Art in der Klosterkirche von Münsterschwarzach durchführte. Als er den riesigen, in Stein gehauenen Auferstandenen an der Altarseite des Münsters erklärte, lenkte er die Aufmerksamkeit auf die vergoldeten Wundmale an dessen Händen, Füßen und am Herzen. Im weiteren Verlauf seiner Erklärungen verwies er darauf, dass nicht in erster Linie eine bestimmte Theologie und Spiritualität viel darüber aussagen, welche Bedeutung Gott für uns hat und wie Gott in unserem Leben – oder besser: durch unser Leben – zum Ausdruck kommt. Auch seien es zunächst nicht die äußerlich sichtbaren Erfolge, die von Gottes Wirken und Anwesenheit in unserem Leben zeugten. Vielmehr, so meinte er, entdecken wir Gottes Fingerabdrücke in unserem Leben vornehmlich an den Stellen und in den Phasen, in denen etwas in unserem Leben nicht glatt läuft, wir ins Stocken oder in Krisen geraten, wir scheitern.

Einschneidende Erfahrungen

Krisenerfahrungen sind Erfahrungen, die uns so nahegegangen sind, uns so tief berührt haben, dass sie unsere Oberfläche durchstoßen und dabei unser Innerstes berührt haben. Es sind im wahrsten Sinne des Wortes einschneidende Erfahrungen, die tiefe Einschnitte und schließlich Wunden hinterließen und mit großen Schmerzen einhergegangen sind.

Es gibt in der hebräischen Sprache den Begriff »Shekinah«, der meint, dass Gott durch unsere Wunden Zugang zu uns erhält. Über unsere Wunden kommt er uns wirklich nahe. Da kehrt er in unser Leben, in unser Innerstes ein. Eine abstrakte Theologie, eine übergestülpte Spiritualität, ein Beten, das über ein Sprechen nicht hinausgeht, das nicht aus der Tiefe kommt und in unsere Tiefe zurückkehrt, bleiben auf der Oberfläche, vermögen nicht wirklich in uns einzudringen.

Wenn Gott aber über unsere Wunden in uns Wohnung nimmt, vergoldet er unsere Wunden. Das mag zunächst wie ein Versuch klingen, etwas Schreckliches zu beschönigen, etwas Schlimmes zu verniedlichen. Tatsächlich geht es hier aber nicht um eine Beschönigung, sondern um eine Verschönerung. Etwas an uns wird schöner, wird zu Gold. Etwas, eine Erfahrung, die uns seelischen Schmerz bereitet, auf die wir im Grunde genommen gerne verzichten könnten, erweist sich am Ende als eine Verschönerung, eine Bereicherung unseres Lebens.

In mir und an mir wird etwas schöner, weil ich durch die schmerzlichen Erfahrungen mir selbst vertrauter geworden bin. Ich durfte dadurch mehr von mir kennenlernen und erfahren – manchmal musste ich das auch erst tun. Ich bin dabei mit dem in Berührung gekommen, was unter meiner Oberfläche lebt. Das aber stellt eine Bereicherung meines Lebens dar. Ich werde dadurch sensibler für meine Innenwelt. Ich bekomme ein Gespür dafür, dass es neben meiner Außenwelt eine Innenwelt gibt, die nicht weniger wichtig ist. Es ist eine Welt, in die ich mich immer wieder zurückziehen kann, in der ich, wie es C. G. Jung einmal sagte, verwandelt werde, wenn ich in sie eintrete.

Tiefer sehen

Bin ich sensibel für diese Innenwelt, bin ich in der Lage, Dinge tiefer zu sehen. Für mich gibt es dann nicht nur das, was ich sehe oder was ich berühren kann. Ich habe darüber hinaus eine Antenne dafür, dass es etwas gibt, das mehr und das anderes ist. Das aber ist die Welt des Numinosen, des ganz anderen, die der Tiefenpsychologe Robert A. Johnson als Goldene Welt bezeichnet.

Als Seelsorger und Seelsorgerin sehen wir es als unsere Aufgabe, auf diese Welt hinzuweisen. Wir wollen Menschen dazu verhelfen, für diese Innenwelt sensibler zu werden, sie in sich zu entdecken und zu pflegen. Wir wissen, dass dies die Voraussetzung dafür ist oder sein kann, um für die spirituelle Dimension empfänglich zu sein oder empfänglicher zu werden.

Jetzt ist der Boden dafür bereitet, um mit dem Vergolden beginnen zu können. Ist also, um auf den jähen Tod des Würzburger Generalvikars zurückzukommen, mit diesem Tod tatsächlich alles aus? War's das dann? Viele würden das mit »Ja« beantworten. Wer kann es ihnen verdenken? Alle Versuche, hier etwas hineinzudeuten, dem vielleicht einen Sinn zu geben, darin etwas Goldenes zu entdecken, dürften sie weit von sich weisen, vielleicht auch als billige Vertröstung und Verharmlosung. Manchmal verhält es sich ja auch so. Aber muss das immer so sein?

Was mag sich Reinhard Mey gedacht haben, als er noch in Anspielung an seinen sterbenden – und inzwischen verstorbenen – Sohn sang: »Es kommt nicht der grimmige Schnitter, es kommt nicht ein Feind. Es kommt, scheint sein Kelch auch bitter, ein Freund, der es gut mit uns meint. Und das Dunkel weicht dem Licht, mag es noch so finster scheinen. Nein, hadern dürfen wir nicht – doch wir dürfen weinen.« Wird da etwas schön gesungen, die grausame Wirklichkeit des Todes mit Goldfarbe übertüncht?

Das Schöne zum Leuchten bringen

Vergolden kann nicht zum Ziel haben, etwas zu übertünchen. Es soll etwas, das Gold wert ist, hervorheben, zum Glänzen bringen. Seelsorger und Seelsorgerinnen, die ihr Handwerk des Vergoldens verstehen und verantwortungsvoll anwenden, werden bei ihrer Arbeit behutsam vorgehen. Wie das ja auch bei Künstlern üblich ist. Sie werden gut hinschauen, wo sie – wach und sensibel für das »Unsichtbare« – die Stellen, die Erfahrungen entdecken, die es wert sind, wie die Wundmale Jesu durch Gold unterstrichen zu werden.

Vergolden meint damit nicht, etwas schöner zu machen, als es tatsächlich ist. Es meint, das Schöne, des Wunderbare, das man bisher nicht gesehen und entdeckt hat, kenntlich zu machen, zum Leuchten zu bringen. Es soll den Blick auf das lenken, was man übersehen hat, aber nicht übersehen sollte, weil es dazu gehört, weil erst dann, wenn es gesehen und gewürdigt wird, alles gesehen und bedacht worden ist.

Was hilft mir das für meine Auseinandersetzung mit dem plötzlichen Tod von Karl Hillenbrand? Es könnte für mich bedeuten: Nimm dir Zeit, seinen Tod zu verarbeiten. Verweile bei den Erinnerungen, die du mit ihm verbindest. Betrachte es als Geschenk, dass du ihm noch wenige Tage vor seinem Tod begegnet bist. Lass dich erneut daran erinnern, dass auch du eines Tages sterben wirst, jäh aus dem Leben heraus gerissen werden kannst. Lass dich dazu ermutigen, jeden Tag, wie es Meister Eckehart empfiehlt, zum wichtigsten Tag zu machen. Vertraue darauf, dass es einen gibt, der dein Fallen »unendlich sanft in seinen Händen hält« (Rainer Maria Rilke).

Vergolden, das geschieht hier als Ermutigung, sich der Wirklichkeit zu stellen, sich dem zu stellen, was es bei dir auslöst. Vergolden geschieht im Trösten, das kein billiges Vertrösten ist, weil es und solange es von dem, der tröstet, nicht so daher geredet ist, sondern Ausdruck seiner Überzeugung und Erfahrung ist. Vergolden – und das ist die kräftigste Stelle, an der das Gold am meisten leuchtet – ist die Zuversicht, die sich breit macht, wenn ich die Dimension des Ewigen, des Geheimnisvollen, einbeziehe, wenn ich Gott mit ins Spiel bringe, von dem es in Psalm 73 heißt:

Ich aber bleibe immer bei Dir,
Du hältst mich an meiner Rechten.
Du leitest mich nach Deinem Ratschluss
nimmst mich am Ende auf in Herrlichkeit.

Psalm 73,23–24

Alles aus? Nein! Es geht weiter. Weil ich es nicht aus sein lasse. Weil ich den Tod von Karl Hillenbrand auf mich wirken lasse, er Auswirkungen auf mich hat, ich mit meinen Überlegungen und mit meinem Gedenken mit ihm in Verbindung bleibe. Weil ich das Gold in seinem Tode entdeckt habe: »Staub bist du und zu Staub kehrst du zurück. Der Herr aber wird dich auferwecken am Jüngsten Tage.« Das gilt für ihn und für mich. Wie konnte ich das vergessen: Wir werden uns wiedersehen.

Pater Deocar Engelhard OSB

Zu unseren Grenzen stehen

Der heilige Bonifatius gilt als der große Apostel der Deutschen, als der heimliche Vorsitzende der deutschen Bischofskonferenz, die immer wieder in Fulda tagt, wo Bonifatius begraben liegt. Sicherlich hat er Entscheidendes geleistet in der Organisation der Kirche Germaniens, die er im Verlauf seines Lebens innerlich und äußerlich geeint und mit Rom verbunden hat. Auch gilt er als Gründer vieler Klöster, die wesentlichen Anteil hatten an der religiösen und kulturellen Entwicklung unseres Landes. So ist er der große Organisator und Ordner, dessen Tun sich bis heute auswirkt.

Dies ist die eine Seite dieses Heiligen. Aber wie jeder Mensch, hat er auch seine Schattenseiten. Er scheint sehr radikal in seinem Vorgehen gewesen zu sein, indem er vieles ausrottete, was vor ihm schon grundgelegt war. Denn die Iroschotten hatten längst vor ihm missioniert, wenn auch eher punktuell und sporadisch. Denken wir nur an die großen Gestalten im Würzburger Raum, nämlich Kilian und seine Gefährten, die schon viel Vorarbeit geleistet hatten, oder an den heiligen Gallus und viele andere. Von deren Wirken scheint wenig übriggeblieben.

Manche Historiker vermuten, dass Bonifatius viel »ausgerottet« hat, weil es ihm zu liberal war. Wer je in Irland war, kann dort noch sehen, dass die Glaubensboten weniger radikal mit dem vorhandenen »Heidentum« verfuhren und vieles in die Frohbotschaft integrierten, was anscheinend Bonifatius so nicht wollte. Die gefällte Donareiche ist nur ein Beispiel seiner Vorgehensweise. Ich denke, er hat die Unterschiede und kulturellen Eigenheiten der Germanen wenig beachtet und schon gar nicht ins Christentum integriert.

Inkulturation der Frohbotschaft, wie man das heute nennen würde, war wohl nicht sein Ziel und sein Bestreben. Dies schmälert nicht die Verdienste des Bonifatius, kann uns aber doch eines zeigen: dass auch große Heilige ihre Grenzen haben und wie alle Menschen Licht und Schattenseiten zeigen, dass Heiligkeit nicht heißt, vollkommen zu sein. Das mag uns trösten. Vielleicht kann uns das Mut machen, auch zu unseren eigenen Grenzen zu stehen, sie anzunehmen und zu schauen, wo die Gegenseite unserer Schatten liegt, wo sie auch Positives und Stärken aufzeigt.

Wunibald Müller

Verwandlung – die christliche Antwort auf die Sehnsucht nach Veränderung

Am Dienstagabend feiert in der Regel Pater Anselm Grün Eucharistie mit den Gästen des Recollectio-Hauses. Die Eucharistiefeier gehört wesentlich zum Programm: Drei Mal in der Woche wird deshalb die Eucharistie gefeiert. Der Feier stehen die geistlichen Begleiter des Recollectio-Hauses vor. Im Rahmen dieser Eucharistiefeiern halten sie die Homilie, von denen in diesem Buch einige veröffentlicht worden sind.

Die Bedeutung, die wir der spirituellen Dimension im Heilungsprozess der Männer und Frauen zusprechen, macht das Proprium einer Einrichtung wie der des Recollectio-Hauses aus. Das trifft in besonderer Weise für die Eucharistiefeier zu. Hier tragen die Gäste vor Gott, was sie in ihren Gesprächen ihren Begleitern und Begleiterinnen mitteilen. Hier geschieht daher nicht weniger Therapie, also Heilung, wie in den anderen therapeutischen Angeboten des Hauses.

Die Gottesdienste, die hier gefeiert und von den Gästen vorbereitet werden, haben ganz bewusst einen intimen Charakter, wodurch sie sich, wie es Pater Meinrad immer wieder betont, vom Pontifikalamt im hohen Dom unterscheiden. Für Pater Anselm ist es wichtig, immer darauf hinzuweisen, dass die Eucharistiefeier eine Einübung in unsere eigene Menschwerdung ist. Denn es geht in ihr um unsere eigene Verwandlung. Sein Verständnis von Verwandlung im Rahmen der Eucharistiefeier entfaltet er im folgenden Beitrag.

Pater Anselm Grün OSB

Eucharistie als Verwandlung

Verwandlung statt Veränderung

Heute gibt es viele Ratgeberbücher, die uns ständig einreden, wir sollten uns verändern. Aber im Verändern liegt immer auch etwas Aggressives: Ich muss ein anderer Mensch werden. Alles muss ganz anders werden. Doch wenn ich gegen mich kämpfe, wecke ich in mir nur Gegenkräfte, die eine wirksame Veränderung behindern.

Die christliche Antwort auf die Sehnsucht nach Veränderung ist die Verwandlung. Und Verwandlung ist wesentlich sanfter. Die Verwandlung geht davon aus: Alles darf sein. Ich würdige mein Leben so, wie es geworden ist. Aber ich bin noch nicht der, der ich eigentlich sein möchte. Das einmalige Bild, das Gott sich von mir gemacht hat, leuchtet noch nicht genügend durch mich hindurch. Das Ziel der Veränderung ist, ein anderer zu werden. Das Ziel der Verwandlung ist, immer mehr ich selbst zu werden.

Eucharistie ist Feier der Verwandlung. Dabei geht es nicht nur darum, Brot und Wein in Leib und Blut Christi zu verwandeln, sondern auch um unsere eigene Verwandlung. Ein wichtiger Wandlungsritus, über den C. G. Jung in seinem Buch »Wandlungssymbole der katholischen Messe« ausführlich geschrieben hat, ist die Gabenbereitung. Etwas Gott hinzuhalten ist ein Urakt der Religion. Wenn ich Gott etwas hinhalte, dann erhoffe ich, es verwandelt wieder zurückzubekommen. Manchmal lasse ich die Gäste diesen Ritus des Hochhaltens gemeinsam mit mir vollziehen, damit sie spüren, dass es um ihre eigene Verwandlung geht. Es sind dabei für mich fünf Bilder der Verwandlung wichtig:

1 Wir halten in der Hostienschale unseren Alltag Gott hin: unsere Arbeit, die Tretmühle unseres Alltags, alles, was uns aufreibt, zerreibt, zermürbt. Und wir hoffen, dass uns Gott alles zurückgibt als das Brot vom Himmel, das uns nährt und stärkt.

2 Im Kelch halten wir das eigene Leid und das Leid anderer Menschen Gott hin, im Vertrauen, dass er den Kelch des Leids in einen Kelch des Heiles verwandelt.

3 Im Kelch halten wir die eigene Bitterkeit Gott hin, damit er sie in Süßigkeit verwandle.

4 Die Juden kennen den Trauerkelch. Wir halten unseren Trauerkelch Gott hin – die Trauer über verpasste Lebenschancen, über zerbrochene Lebensträume, über die eigene Durchschnittlichkeit –, damit er ihn in einen Trostkelch verwandle.

5 Wir halten im Kelch mit Wein, der mit Wasser vermischt ist, unsere vermischte Liebe hin. Unsere Liebe ist oft vermischt mit Zweifeln, Eifersucht, Neid, Enttäuschung, Gefühlen des Verletztseins, mit Aggressionen und Besitzansprüchen. Wir halten unsere vermischte Liebe Gott hin, damit er sie in reine Liebe verwandle.

In jeder Eucharistiefeier lege ich entweder die Lesung oder das Tagesevangelium aus. Ich möchte nun nur aus der Adventszeit, Fastenzeit und Osterzeit jeweils Lesung oder Evangelium anschauen und meine Gedanken dazu aufschreiben.

Aus seinen Wurzeln wächst ein neuer Trieb

In der Adventszeit sind es vor allem die Lesungen aus dem Propheten Jesaja, die uns das Geheimnis der Adventszeit erfahrbar werden lassen. Ich beschränke mich auf die Lesung am Dienstag in der ersten Adventswoche aus Jesaja 11,1–10. Da ist die Rede vom abgehauenen Baumstumpf Isais. Aus seinen Wurzeln wächst ein neuer Trieb. Das ist gerade für die Gäste im Recollectio-Haus eine frohe Botschaft. Denn viele kommen zu uns, weil etwas in ihrem Leben abgeschnitten oder abgehauen worden ist. Sie haben das Gefühl, gescheitert zu sein. Es geht so nicht weiter.

Da ist nun die Verheißung, dass aus einer guten Wurzel immer wieder neue Triebe hervorspringen. Wir kennen das aus dem alten Weihnachtslied: »Es ist ein Ros entsprungen aus einer Wurzel zart. Wie uns die Alten sungen, aus Jesse kam die Art.« Auch wenn noch soviel in uns zerbrochen ist, es kann immer wieder neues Leben in uns aufblühen. Das ist die Botschaft von Advent und Weihnachten. Gott selbst schafft einen neuen Anfang.

Dieser junge Trieb, der in uns heranwächst, ist voll von den sieben Gaben des Heiligen Geistes. Er ist vom Geist Gottes erfüllt. Und dann schildert Jesaja in wunderbaren Bildern, was möglich ist, wenn Gott aus unserem abgehauen Baumstumpf neues Leben hervorblühen lässt. Es entsteht gleichsam ein paradiesischer Friede. »Dann wohnt der Wolf beim Lamm, der Panther liegt beim Böcklein. Kalb und Löwe weiden zusammen, ein kleiner Knabe kann sie hüten.« (Jesaja 11,6) All die Kräfte in uns, die sich sonst bekämpfen, werden miteinander versöhnt.

Das Aggressive wird uns nicht mehr zerreißen, sondern das Zarte und Verwundbare in uns schützen. Die Schlange als Bild für die Sexualität ist nicht mehr gefährlich: »Der Säugling spielt vor dem Schlupfloch der Natter, das Kind streckt seine Hand in die Höhle der Schlange.« (Jesaja 11,8) Das Kind, das unschuldig ist, spielt mit der Schlange. Das bedeutet eine Integration des Sexualität in das Ursprüngliche unseres Menschseins. Wir haben keine Angst mehr vor der Schlange in uns. Wir gehen behutsam und spielerisch mit ihr um.

»Das Land ist erfüllt von der Erkenntnis des Herrn, so wie das Meer mit Wasser gefüllt ist.« (Jesaja 11,9) Gottes Geist durchdringt alles in uns. Dann ist uns nichts mehr gefährlich. Das ist die Verheißung von Weihnachten: dass alles in uns von Gottes Liebe, die in dem Kind in der Krippe aufleuchtet, erhellt und verwandelt wird. Dann brauchen wir vor nichts mehr in uns Angst zu haben.

Eine Frau meinte zu mir einmal, sie könne nicht in die Stille gehen, denn da würde ein Vulkan in ihr hochgehen. Viele Menschen leben mit solchen inneren Bilder, die ihnen Angst machen und die sie ständig antreiben, sich irgendwie zu beschäftigen, um dem Vulkan in sich zu entfliehen. Aber nur wenn ich mich mit dem Vulkan in mir anfreunde, nur wenn alles in mir von Gottes Liebe durchdrungen wird, dann kann ich ohne Angst auf all die Tiere und Triebe und Bedürfnisse und Leidenschaften in mir schauen.

Alles wird von der Erkenntnis Gottes erfüllt. Alles wird durch die Menschwerdung Gottes in Jesus Christus verwandelt und geheilt. Und so kann alles, was Jesaja in den Bildern der Tiere beschreibt – das Aggressive, das Instinkthafte, das Vereinnahmende und Verschlingende, das Giftige und das Zarte und Verletzliche – in uns integriert werden.

Doch was heißt: Von ganzem Herzen vergeben?

Aus den Evangelien der Fastenzeit wähle ich das Gleichnis vom Schalksknecht (Matthäus 18,21–35) aus, das am Dienstag der 3. Fastenwoche trifft. In diesem Evangelium geht es um das Thema der Vergebung. Jesus will uns zeigen, dass Gott uns unsere große Schuld vergeben hat. So sollen wir auf die Erfahrung der Vergebung damit antworten, dass auch wir den Menschen vergeben, die uns gegenüber schuldig geworden sind.

Jesus arbeitet hier mit starken Gegensätzen. Der eine Diener – wohl ein Statthalter, denn soviel Geld kann ein normaler Mensch gar nicht schulden – schuldet zehntausend Talente. Das entspricht etwa einer Summe von vierzig Millionen Euro. Er kann seine Schuld niemals zurückzahlen. Doch der Herr erlässt ihm in seiner Güte alle Schuld.

Jetzt könnte man meinen, dass dieser Mensch auch anderen gegenüber großzügig verfährt. Doch er trifft einen anderen Diener, der ihm hundert Denare schuldet – das ist der lächerliche Betrag von 40 Euro. Doch der Diener, dem der Herr alle Schuld erlassen hat, ist unbarmherzig und lässt den anderen Diener ins Gefängnis werfen, bis er seine Schuld bezahlt hat.

Die anderen Diener sind betrübt. Sie spüren, dass dieses Verhalten jedem menschlichen Gefühl widerspricht. Sie berichten dem Herrn vom Verhalten des ersten Dieners. Der übergibt ihn den Folterknechten. Wer so handelt, wird von der eigenen Unbarmherzigkeit gefoltert, bis er seine Schuld beglichen hat. Jesus folgert aus dem Gleichnis, dass Gott jeden von uns genauso behandeln wird, wenn er seinem Bruder nicht von ganzem Herzen vergibt.

Doch was heißt: von ganzem Herzen vergeben? Viele meinen, Vergeben sei Nachgeben. Und sie wehren sich dagegen, alles vergeben zu müssen. Wenn wir Vergebung aber psychologisch richtig verstehen, ist es ein therapeutischer Akt, ein Akt der Reinigung und Befreiung. Psychologisch richtig verstanden, hat Vergebung fünf Schritte:

1 Ich erkenne den eigenen Schmerz an, ohne ihn zu überspringen: Mir hat es wehgetan.

2 Ich lasse die Wut zu. Die Wut ist die Kraft, mich von dem anderen, der mich verletzt hat, innerlich zu distanzieren. Und ich

soll die Wut in Ehrgeiz verwandeln: Ich kann selbst leben und lasse mir das Leben nicht von dem rauben, der mich verletzt hat. Indem ich die Wut in Ehrgeiz verwandle, nehme ich Abschied von der Opferrolle. Und das ist ein wichtiger therapeutischer Akt. Denn wenn ich Opfer der Verletzung bleibe, werde ich leicht selbst zum Täter.

3 Ich schaue an, was objektiv geschehen ist. Ich versuche, zu verstehen, was bei der Verletzung abgelaufen ist. Vielleicht hat der andere seine eigenen Verletzungen weitergegeben. Vielleicht hat er gerade meine empfindliche Seite getroffen. Nur wenn ich verstehen kann, kann ich zu mir stehen.

4 Der eigentliche Akt der Vergebung ist ein Weggeben – im Lateinischen: dimittere (das heißt: wegschicken). Dies ist ein doppelter Akt der Befreiung und Reinigung. Ich reinige mich von der negativen Energie, die durch die Verletzung noch in mir ist. Und ich befreie mich von der Bindung an den anderen. Solange ich nicht vergebe, bin ich noch gebunden an den, der mich verletzt hat.

5 Es geht darum, die Wunden in Perlen zu verwandeln. Ich habe Schlimmes erlebt. Aber was ich erlebt habe, ist auch etwas Kostbares. Ich habe etwas erfahren, das macht mich erfahren. Hildegard von Bingen meint, die Kunst der Menschwerdung bestehe darin, Wunden in Perlen zu verwandeln. Und C. G. Jung meint, nur der verwundete Arzt sei fähig, wirklich zu heilen. In unseren Wunden entdecken wir die eigenen Fähigkeiten.

Diese fünf Schritte ermöglichen es mir, zu vergeben und mich auszusöhnen mit meiner eigenen Lebensgeschichte mit ihren vielfältigen Verletzungen, die ich erfahren habe.

Türen zum eigenen Herzen und zum Herzen anderer tun sich auf

In der Osterzeit ist mir wichtig zu sagen, dass wir zwei verschiedene Theologien von Auferstehung hören. In der Lesung hören wir die Theologie des Lukas, im Evangelium die des Johannes.

Lukas erzählt uns Geschichten der Auferstehung: Da wird Petrus von einem Engel aus dem Gefängnis befreit. Da verwandelt Gott die Verfolgung der Christen in Jerusalem zu einem Missionswerk. Die fliehenden Christen werden zu Missionaren in anderen Gebieten. Gott verwandelt Tod in Leben, Verfolgung in Mission, Gefangenschaft in Freiheit.

Ich möchte nur eine Lesung am Dienstag der 6. Woche in der Osterzeit herausgreifen. Da sitzen Paulus und Silas um Mitternacht im Gefängnis, ihre Füße in einen Block eingeschlossen. Sie bitten Gott nicht um Befreiung, sondern sie singen Loblieder. Doch auf einmal entsteht ein Erdbeben, »so dass die Grundmauern des Gefängnisses wankten. Mit einem Schlag sprangen die Türen auf, und allen fielen die Fesseln ab« (Apostelgeschichte 16,26).

Lukas will uns sagen: Wenn wir wie Paulus und Silas Gott mitten in aussichtslosen Situationen loben, geschieht auch in uns Verwandlung. Da fallen Fesseln ab. Türen tun sich auf, Türen zum Herzen anderer, aber auch Türen zum eigenen Herzen. Wir sehen unser Leben von einem andern Blickpunkt aus.

Ich muss bei dieser Geschichte immer an das Wort von Henry Nouwen denken, der vor 25 Jahren das Recollectio-Haus eingeweiht hat: »Klöster baut man nicht, um Probleme zu lösen, sondern um Gott mitten aus den Problemen heraus zu loben.« Wenn ich wie Paulus und Silas mitten aus den Problemen heraus Gott lobe, so ist das keine fromme Flucht vor den Problemen. Vielmehr relativieren sich die Probleme. Und manchmal fallen sie in sich zusammen.

Das ist dann die Verwandlung von Gefangenschaft in Freiheit, von Dunkelheit in Licht, von Einsamkeit und Isolation in Beziehung und Gemeinschaft. Der Gefängniswärter möchte sich angesichts der offenen Türen selbst töten. Doch Paulus hält ihn davon ab. Er unterrichtet ihn im Glauben. Und der Gefängniswärter nimmt Paulus und Silas in seine Wohnung auf und hält Mahl mit ihnen. Das ist für mich ein schönes Bild: Wir möchten unsere Zwänge, unsere Ängste, unsere Probleme loswerden. Doch es geht darum, sie zu taufen, zu verwandeln. Dann dienen sie uns und unserem Leben. Unser Leben wird erweitert. Das, was uns bisher gefangen gehalten hat, wird zu einer Quelle von Kraft und Lebendigkeit.

Die Auferstehung geschieht für Lukas in solchen Geschichten der Befreiung und Verwandlung. Lukas will uns damit sagen: Auch heute dürfen wir auf solche Auferstehungsgeschichten hoffen. Auch heute kann in uns Auferstehung geschehen, indem wir aufstehen: aus Angst ins Vertrauen, aus Gefängnis in die Freiheit, aus der Dunkelheit ins Licht.

Johannes hat eine andere Theologie von Auferstehung. In der Osterzeit sind alle Evangelien an den Werktagen aus dem Johannesevangelium genommen. Johannes will uns sagen, dass die Worte Jesu, die er uns in seinem Evangelium überliefert, Worte des auferstandenen und erhöhten Herrn sind. In den Worten ist der Tod schon überwunden.

Wer die Worte Jesu aufmerksam und offen hört, der »ist aus dem Tod ins Leben hinübergegangen« (Johannes 5,24). Im Hören der Worte Jesu erfahren wir hier und jetzt schon Auferstehung. Wir haben teil am ewigen Leben. Das ewige Leben ist nicht das Leben nach dem Tod, sondern das Leben, das wir hier schon erfahren dürfen: ein Leben, das Zeit und Ewigkeit miteinander verbindet, ein Leben, das auch durch den Tod nicht zerstört werden kann. Auferstehung heißt hier: in eine andere Welt übergehen, vom Tod zum Leben übergehen, vom Uneigentlichen zum Eigentlichen, von der Finsternis ins Licht.

Am Dienstag der 6. Osterwoche trifft das Evangelium Johannes 16,5–11 als Parallele zu der Auferstehungsgeschichte aus dem Gefängnis von Philippi (Apostelgeschichte 16,22–34). Jesus spricht davon, dass er in seinem Tod zu demjenigen geht, der ihn gesandt hat. Auferstehung ist demnach ein Hinübergehen aus dieser Welt in die andere, aus der Welt des Uneigentlichen in die Welt Gottes.

Und dieses Fortgehen in die andere Welt ist nicht nur für Jesus ein Segen, sondern auch für uns. Denn Jesus, der aus dieser Welt in die Welt des Vaters hinübergeht, sendet uns den Heiligen Geist als Beistand. Ohne das Gehen Jesu würde der Beistand nicht zu uns kommen. Und die Erfahrung des Heiligen Geistes, der uns beisteht, der für uns einsteht, der zu uns steht, der uns tröstet und in alle Wahrheit einführt, ist die Erfahrung von Auferstehung.

Auferstehung bedeutet, dass wir mit Christus aus dieser Welt in die andere Welt übergehen, in die Welt Gottes. Daher ist für Johannes das Wort »Pascha« so wichtig. Dreimal spricht er davon, dass das Paschafest nahe gewsen sei. Pascha – so sagt Augustinus – bedeutet transitus, Hinübergehen. Wir gehen von dieser Welt in die andere Welt über, in die Welt Gottes, in die Welt, in der wir vom Heiligen Geist umgeben und durchdrungen sind.

Die Erfahrung des Heiligen Geistes ist zugleich die Erfahrung von Auferstehung. Der Heilige Geist wird uns in alle Wahrheit einführen. Er wird uns tiefer schauen lassen, damit uns das Geheimnis allen Seins aufgeht, damit wir Gott in allem erkennen und schauen. Auferstehung ist für Johannes eine neue Qualität des Lebens, ein Leben aus der Wahrheit und ein Leben aus der Liebe. Denn der Grund allen Seins ist für Johannes Liebe.

Pater Zacharias Heyes OSB

Paulus – ein Narr um Christi willen

In 2 Korinther 11,18.21b–30 tut es Paulus denen gleich, die in der Welt prahlen: Er prahlt mit all dem, was er um Christi willen erduldet und erlitten hat – die ganze Qual in seiner Verfolgung als Anhänger Christi. Bewusst bezeichnet er sich hier als Narr. Und es ist doch wirklich verrückt: anzugeben mit all dem Leid, das man erduldet hat. Wer prahlt, will Beachtung. Wer aber wird Paulus Applaus spenden dafür, dass er sich all das antut – er hat sich freiwillig entschieden für diesen Christus Jesus?

Am Ende dann löst Paulus diese »Lächerlichkeit« auf – wenn schon prahlen, sagt er, dann prahle ich doch mit meiner Schwachheit. Denn in dieser Schwachheit – so sagt er es an anderer Stelle – bringt Gott seine Kraft und Gnade zur Entfaltung. Und damit ist deutlich: Es gibt nichts zu prahlen, weder für ihn, noch für die Menschen, die der Welt anhängen. Das Einzige, dessen man sich rühmen könnte, ist die Kraft Christi, aber diese ist Gnade und Geschenk. Der Mensch, der Christus nachfolgt, bleibt in den Augen der Welt vielleicht ein Narr. In den Augen Gottes aber gewinnt er alles: die Freiheit, die Gnade und das ewige Leben. Mit einem solchen Narrentum lässt sich gut leben, finde ich.

Wunibald Müller

Der verwundete Heiler

Der inzwischen verstorbene geistliche Schriftsteller Henri J. M. Nouwen hat für das Recollectio-Haus eine große Bedeutung. Bei der Eröffnung des Recollectio-Hauses war er anwesend und hielt eine Homilie, die zum einen hervorhob, dass wir bedingungslos Gottes geliebte Söhne und Töchter sind, und die zum anderen aufzeigte, dass wir in und durch unsere Gebrochenheit zum Brot werden können, das für andere gebrochen wird.

Ein Mensch, der ganz in der Tradition von Henri Nouwen steht, ist der geistliche Schriftsteller Pierre Stutz. Ich erachte es als ein großes Privileg, mit beiden befreundet gewesen beziehungsweise immer noch befreundet zu sein – auch mit Henri, der längst im Himmel ist, dessen Grab ich aber immer wieder besuche und mit dem ich innerlich in Kontakt bin.

Es war Henri Nouwen, der uns in seinem Buch »The Wounded Healer«, an die Metapher vom verwundeten Heiler erinnerte, der wir in den chassidischen Geschichten und später auch bei C. G. Jung begegnen. Diese Metapher hat im kirchlichen und seelsorgerlichen Kontext nichts von ihrer Aktualität verloren, ja ist gerade durch Papst Franziskus neu belebt worden. Bei seinen Texten meint man manchmal, er kenne sehr gut die Schriften von Henri Nouwen, Anselm Grün oder Pierre Stutz. Sind diese doch ganz von einer ähnlichen Sichtweise geprägt.

So etwa sagt der Papst, »dass das, was die Kirche heute braucht, die Fähigkeit ist, die Wunden zu heilen und die Herzen der Menschen zu wärmen – Nähe und Verbundenheit«.

Was Pierre Stutz in seinem Beitrag sagt, steht neben seinen eigenen Erfahrungen auch für Erfahrungen, die viele Männer und Frauen im Recollectio-Haus machen durften oder auch machen mussten, um, wie es Pierre Stutz schreibt, im Mitteilen ihrer Kraftlosigkeit zur Kraftquelle werden zu können.

Pierre Stutz

Verwundet bin ich und aufgehoben

Meine Verzweiflung war groß, als meine Seele vor 15 Jahren einmal mehr durch psychosomatische Signale schrie. Unmissverständlich zeigte sie mir durch eine tiefe Depression auf, dass sie dieses Mal nicht mehr locker lasse, bis ich den Mut hatte, zu mir selbst befreit zu werden: zu meiner Beziehungskraft und zu meinem göttlichen Grund.

Dabei war ich einmal mehr überzeugt, »die Kurve gekriegt zu haben«, um nicht wirklich geradezustehen für mein ganzes Leben, mit all seinen vielfältigen Facetten.

Nach Außen war mein Leben erfolgreicher denn je. Zwei große Lebensträume konnte ich verwirklichen: Das Mitbegründen einer offenen Klostergemeinschaft, in der Menschen in verschiedenen Lebensformen (Familien, Ordensschwester, Singles, Priester) mit Langzeitgästen und Zivildienstleistenden eine Spiritualität im Alltag einüben, und das Schreiben als *feu sacré*, um in allen Lebensvollzügen eine göttliche Spur freizulegen. Schreiben als mystischer Weg, um mich von Worten finden zu lassen: schreiben, »ohne zu denken«!

So sagte ich beim gemeinsamen Feiern meines 48. Geburtstages in der alten Klosterküche: »Ich bin so dankbar, dass ich nun endlich weiß, wohin ich gehöre.« Dies bildete ich mir nicht ein, es war meine tiefste Sehnsucht.

Doch die Seele, als das Lebendigste und Tiefste in mir, zeigte mir durch einen inneren Schrei auf, dass in mir nicht nur der Urwunsch nach Verwurzelung vorhanden ist, sondern genauso stark der Urwunsch, angenommen zu sein, so wie ich wirklich bin, nebst dem dritten Urwunsch, mich verwandeln zu können.

So erwachte ich nach meinem Geburtstag mit einem schrillen Geräusch, das in meinem linken Ohr ertönte, wie wenn jemand darin unaufhörlich Glas schneiden würde. Es war ein massiver Angriff auf meine Kernkompetenz, andere Menschen zu ihrem inneren Ruheort zu begleiten.

Erstaunlich war – heute nenne ich dies Gnade –, mit welcher Klarheit ich spürte, dass jetzt die Zeit für mein Coming-out »dran« war. Doch zuvor tat ich das, was ich gut konnte und was ich bis heute nicht missen möchte in meinem Leben: *Kämpfen!*

Ich sagte alle Termine ab und meldete mich für einen Monat in einer Tinnitus-Klinik in Bad Wörishofen an. Einen Monat lang wurde ich »weichgeklopft« mit wunderbaren Massagen und Kneipp-Anwendungen. Doch es reichte nicht, um mich zu befähigen, auch anderen mitzuteilen, dass in mir seit Jahrzehnten ein Herzenswunsch lebt: einen anderen Mann lieben zu dürfen und mich lieben zu lassen!

Dieser innere Kampf löste wie schon bei meinem Burn-out mit 38 Jahren eine wochenlange Schlaflosigkeit aus, die mich zermürbte.

Verschlossen
die Tür zu meiner inneren Quelle
versperrt
das Tor zum inneren Grund

Verdunkelt
die Spur zur Lebendigkeit
verfinstert
der Weg zum Glück

Ich gehe zugrunde!
Wirklich?
Ich wage es:
meiner großen Angst
vor Liebesentzug
auf den Grund zu gehen.
Meiner Flucht vor mir selbst
auf den Grund zu gehen.
Meiner tiefen Sehnsucht,
verwundet aufgehoben zu sein,
auf den Grund zu gehen.

Kraftlos-kraftvolles Schreiben

In diesen unaufhaltsamen Stunden der Nacht schrieb ich und schrieb, um die Fixierung auf meines inneres Geschrei in meinem Ohr aufzulösen. Ich schrieb und schrieb, bis *es* nur noch schrieb. In dieser Verzweiflung kristallisierte sich mein Lebensthema heraus: »Verwundet bin ich und aufgehoben. Vom Glück der Unvollkommenheit«.

In mein Schreiben nahm ich viele verständnisvoll-innere Begleiterinnen und Begleiter mit, mystische Menschen, die mir ein leises Vertrauen zusprachen, in diesem Prozess des Zu-Grunde-Gehens viele heilende Momente erfahren zu dürfen. Ganz im Sinne von Friedrich Nietzsche (1844–1900): »Wo Sehnsucht und Verzweiflung sich paaren, da entsteht Mystik.«

Seit 25 Jahren vergeht kein Tag, an dem ich nicht in einem inneren Dialog mit Mystikerinnen und Mystikern bin. Sie lassen mich ganz Mensch werden, weil Kraft und Kraftlosigkeit, Hoffnung und Verzweiflung, Lachen und Weinen, Suchen und Verlieren, Wut und Zärtlichkeit, Liebe und Angst keine Gegensätze mehr sind, sondern eine lebensbejahende Spur. Durch diese Fülle kann ich er-löst werden vom Irrtum, perfekt sein zu müssen.

Dieses Vertrauen habe ich bestärkend erlebt, als ich vor meinem Coming-out »nur« für ein Gespräch mit Wunibald Müller von Neuchâtel nach Würzburg gefahren bin. Seine Gabe gegenwärtig zu sein, ein Spiegel zu sein und mich aus dem Gefängnis der Angst zu befreien, bleibt mir unvergesslich. Diese spirituelle Lebenskunst, in der Anerkennung und Konfliktfähigkeit sich ergänzen, erfahre ich seither in den freundschaftlichen Begegnungen mit ihm. Durch seine kraftvollen Büchern – wie »Intimität: Vom Reichtum ganzheitlicher Begegnung«, »Ganz Ohr: Grundhaltungen in der seelsorgerlichen Beratung«, »Auf der Suche nach der verlorenen Seele« und »Küssen ist beten: Sexualität als Quelle der Spiritualität« – werde ich bis heute ermutigt, meiner Seele zu trauen.

Nächtelang schrieb ich, um auch scheitern zu dürfen. Darum bleibe ich so leidenschaftlich gerne Christ – in einer interreligiösen Offenheit –, weil mir ganz tief zugesprochen wird, an durch-kreuzten Lebensplänen wachsen und reifen zu können. »Hinabgestiegen in das Reich des Todes« heißt es geradezu archetypisch im Credo. Mein verzweifeltes Schreiben war ein Abstieg in die Ursehnsucht, im tiefen Fall aufgehoben zu sein. Es war ein Weg in die Angst hinein, damit sie nicht mehr die bestimmende Regie in meinem Leben übernimmt. Ein Weg in die Verzweiflung hinein, um zu erahnen, mehr als ein abgrundtiefer Schmerz und mehr als grausame Kindheitserlebnisse zu sein. Ein Weg in einseitig-willensbetonte Überlebensstrategien hinein, um zu ertasten, solche Altlasten nicht mehr wirklich zu brauchen.

In einer unbeschreiblichen Spannung von Kraftlosigkeit und Kraft schrieb ich in dieser wochenlangen Schlaflosigkeit mein Buch »Verwundet bin ich und aufgehoben. Für eine Spiritualität der Unvollkommenheit«. Willentlich mit der Absicht, es nochmals zu schaffen, nicht wirklich zu mir stehen zu müssen. Tiefgründiger mit der

Sehnsucht, gestärkt zu werden zu einem Befreiungsschlag aus dem Gefängnis der Isolation.

Hinabsteigen
in die eigene Kraftlosigkeit
um auf(er)stehen zu können
zu einem befreiten Gang

Eintauchen
in die eigene Verzweiflung
um zu erahnen
mehr zu sein als meine tiefe Verwundungen

Herunterkommen
von angstbesetzten Türmen
um anzukommen
im segensvollen Augen-Blick

In einer verzweifelten Kraftlosigkeit habe ich dieses Buch geschrieben, das im Jahr 2003 im Kösel-Verlag München erschien und seither immer wieder neu aufgelegt wird. Tief gerührt und oft den Tränen nahe, erhalte ich immer wieder Briefe von Lesenden, die mir schreiben, dass ihnen gerade dieses Buch eine Kraftquelle sei. Viele krebskranke Menschen erzählen mir, wie sie durch dieses Buch gestärkt werden, mit ihrer unheilbaren Krankheit zu leben. Viele Menschen in Lebenskrisen, Trennungssituationen und in großer Trauer teilen mir mit, wie sie durch dieses Buch erahnen, einem neuen Morgen entgegengeführt zu werden.

Diese Anerkennung gebe ich weiter an den Himmel, weil dieses Buch nicht »mein« Buch ist, sondern über mich hinausweist, zu jener paradoxen Lebensweisheit, im Mitteilen seiner Kraftlosigkeit zur Kraftquelle werden zu können.

Diese Hoffnung verbindet mich in grosser Dankbarkeit mit dem Recollectio-Haus der Abtei Münsterschwarzach. Es ist die lebensspendende Urerfahrung des »verwundeten Heilers«, die sich auch im segensreichen Leben und Wirken von Ilse Katharina und Wunibald Müller und allen Mitarbeitenden dieses gastfreundlichen Hauses ausdrückt. Menschen dürfen dort mit ihrer ganzen Zerbrochenheit und ihrer grossen Sehnsucht sein, damit Selbst-, Nächsten- und Gottesliebe nicht mehr getrennt werden. Das Leben vieler suchender Seelsorgerinnen und Seelsorger darf dort aufgebrochen werden, um in Umbruchzeiten einen Durchbruch zum Urgrund der Liebe zu erfahren.

Viele vertrauensvolle Segensschritte wünsche ich Ilse Katharina und Wunibald Müller in ihrem Weggang von diesem inspirierenden Arbeitsort. Mögen beide immer wieder ein großes Danke in ihrem Herzen finden. Mögen sie sich immer wieder erinnern an die Worte jenes lebendigen Gottes, die er Sarah und Abraham zugesprochen hat: »Geht los in das Land, das ich euch zeige werde« (Genesis 12,1).

Bruder Pascal Herold OSB

Deine sterbliche Hand unterwegs zu dem Anfassbaren

Der heilige Apostel Thomas war ein Mann, der uns menschlich gesehen nahesteht, da Grundzüge seines Empfindens und Verhaltens auch uns bekannt sind. Uns allen ist die kritische Stimme vertraut mit ihrem zögerlichen, abtastenden und zweifelnden Verhalten. Und das ist gut so.

Thomas war beim entscheidenden Augenblick nicht dabei, als der Auferstandene allen Jüngern des engeren Kreises erschienen ist: »Wenn ich nicht die Male der Nägel an seinen Händen sehe und wenn ich meinen Finger nicht in die Male der Nägel und meine Hand nicht in seine Seite lege, glaube ich nicht« (Johannes 20,25b). Thomas konnte und wollte es nicht glauben. So kam Jesus ein zweites Mal und forderte ihn auf: »Streck deinen Finger aus!« (Johannes 20,27) Es geht um Berührung, es geht darum, eine Fingerspitze an die Wunde Jesu anlegen zu sollen. Von Hilde Domin stammt folgendes Gedicht:

Dein einmaliger Finger
deine Hand
voll einmaliger Finger
deine sterbliche Hand
unterwegs
zu dem Anfaßbaren
streichelnd
seine Außenseite.

Dein sanfter Finger
ein Samen auf Asphalt
er schlägt keine Wurzel
im Erdreich
der Dinge.

Die Dinge
haben harte Hände
wir sind durchlässig
sie säen in uns
wortlos
ihren Samen
in uns, Einmaligen,
sie,
die Bleibenden.

Wir schwanger mit unsern Toten
unsern Lebenden
mit den gedächtnislosen
Dingen
gehen
über ihr Pflaster
und gehen
dahin.

aus: Hilde Domin, Gesammelte Gedichte

In fassungslosen Momenten rufen wir schnell aus: »Mein Gott!« – und zeigen mit diesem Ruf Unverständnis, weil wir etwas nicht klar bekommen, es nicht verstehen können. Die überraschenden Bekenntnisworte des Apostel Thomas: »Mein Herr und mein Gott« gehen den Weg der Fassungslosigkeit bis hin zum innersten, intim persönlichen Bekenntnis, zum Credo gläubigen Schauens.

Es ist das Credo eines Berührtseins. Thomas braucht gar nicht mehr seine Finger auf die Außenseite der Wunde zu legen. Die Begegnung geht viel tiefer ein, als er es fassen und verstehen kann. Deshalb das schnelle Bekenntnis: »Mein Herr und mein Gott!«

Jesus hat keine Berührungsängste. Unter den Menschen sucht er gerade den Kontakt und die Berührung zu den Ausgegrenzten, den Kranken und Aussätzigen, den Zöllnern und Sündern. Er segnet die Kinder, die von Erwachsenen ferngehalten werden sollen. Jesus tut das Gegenteil, indem er sie zu sich ruft. Die äußere Berührung dringt tiefer in die menschliche Gestalt hinein, als dass es sich nur um eine rein äußerliche Kontaktaufnahme handeln könnte.

»Dein einmaliger Finger, deine Hand voll einmaliger Finger, unterwegs zu dem Anfassbaren, streichelnd seine Außenseite.« Der Weg der Berührung ist auch der Weg unseres persönlichen Credos. Bis ich selbst glauben und bekennen kann: »Mein Herr und mein Gott!«, braucht es Wege – kurze und lange, schnelle und langsame –, einfach Wege der Berührung.

Wunibald Müller

Olé, Olé

Ein psychotherapeutisches und spirituelles Ziel für die Männer und Frauen, die für bis zu drei Monate im Recollectio-Haus verweilen, ist, wieder mehr mit ihrer eigenen Lebendigkeit in Berührung zu kommen. Das soll auf unterschiedliche Weise unterstützt werden. Zum einen durch die moderate körperliche Aktivierung: Walking, Reiten unter der Leitung von Frau Anette Müller-Kahler, Aikido mit Bruder Linus Eibicht, Feldenkrais mit Herrn Klaus-Dieter Moritz, Fahrradfahren, Schwimmen und so weiter.

Aber auch Einstellungen und Verhaltensweisen, die dazu geführt haben, dass das Leben, die Arbeit, die Beziehung zu Gott keine richtige Freude mehr macht, gar in Routine erstarrt ist, sollen mit Hilfe von spiritueller und psychotherapeutischer Begleitung aufgebrochen und erweitert werden.

Unsere Lebensenergie kommt zum Fließen, wenn wir wieder mehr mit unserem ursprünglichen Leben in Berührung kommen. Sie fließt wieder, wenn wir Seiten von uns, die uns durch unsere Erziehung, durch die Mitwelt und Umwelt, in der wir leben, ausgetrieben oder untersagt worden sind, wieder mehr zulassen. Dann können wir auch das, was uns im Tiefsten ausmacht, mehr zulassen und leben lassen. Wir werden dann dadurch belohnt, dass uns unser Leben, der Alltag und unsere Arbeit wieder mehr Freude bereiten, wir wieder mehr Lust am Leben und an unserer Berufung haben, mehr Lust und Freude in unserer Beziehung zu Gott erfahren.

Dabei können uns manche Heilige Vorbild sein. Sie ermutigen uns dazu, heilig zu sein oder heilig zu werden. Das meint, ganz zu sein. Dazu gehört aber auch unsere Lebendigkeit und Leidenschaft. Eine Heilige, die uns das in besonderer Weise vorgelebt hat, ist die heilige Teresa von Ávila.

Duende

Im Spanischen gibt es den Begriff *duende*, der unter anderem dafür steht, dass etwas beseelt ist. Wir sprechen von *duende*, wenn wir bei der anderen Person etwas von ihrer Vitalität, ihrer Lebenskraft spüren, etwa in ihren Bewegungen, ihrer Musik, ihrer Kunst, ihrem Auftreten. Diese Lebenskraft hat etwas Unverdorbenes, Rohes. Sie ist voller Feuer, sprengt alle Grenzen, setzt sich über alle Konventionen hinweg, lässt sie sich doch in keine Fassung bringen.

Duende steht für Leben pur. Wenn ich an eine Person denke, die das für mich verkörpert, fällt mir spontan Alexis Sorbas aus dem gleichnamigen Roman von Nikos Kazantzakis ein. Ganz lebendig ist mir aus der Verfilmung dieses Romans mit Anthony Quinn in der Hauptrolle die Szene in Erinnerung, in der Alexis Sorbas den Sirtaki tanzt. Dieser Tanz explodiert am Ende in einer Ekstase, angefeuert von Musik, die es versteht, wie beim Liebesspiel langsam beginnend immer leidenschaftlicher zu werden, um schließlich unumkehrbar auf den Höhepunkt zuzutreiben. Das ist pures Leben und Lebendigkeit.

Auch die heilige Teresa von Ávila ist für mich eine solche *Duende*-Person, ja sie ist für mich eine *Duende*-Frau par excellence. In ihrer Autobiografie schreibt sie über sich: »Kurz, ich bin ein Weib – und obendrein kein gutes, sondern ein schlechtes.« Genau das, was man im christlichen Kontext oft mit Schlechtem und moralisch Fragwürdigem verbindet, macht unsere primitive, unverdorbene Urkraft aus, in der Wesentliches von uns, unsere Lebendigkeit und Leidenschaft zum Ausdruck kommt. Es ist die wilde, die ekstatische, die ursprüngliche, die vitale Seite in uns, die uns durch eine bestimmte Erziehung ausgetrieben worden ist.

Das ist bei Teresa von Ávila offensichtlich nicht gelungen. Diese wilde Kraft, die alles Gängige zu sprengen vermag, musste natürlich auch sie zähmen. Doch sie verhinderte, dass sie gänzlich in den Schatten abgedrängt wurde. Es gelang ihr, weil sie – Gott sei Dank –, das »schlechte Weib« geblieben ist, diese vitale Kraft auf vielfältige Weise in ihrem Leben zum Ausdruck zu bringen.

Ich sehe sie vor mir als junge, gut aussehende Frau, die großen Wert darauf legte, gut zu riechen und – so vermutet meine Frau – ein Parfüm mit einem starken Rosenduft dabei bevorzugte. Sie ist schick angezogen und bevorzugt die Farbe orange. Und sie strahlt Lebensfreude aus, lacht viel – über sich und über andere – und steckt mit ihrem Lachen auch die anderen an.

Ich glaube, wenn sie die roten Schuhe von Papst Benedikt XVI. entdeckt hätte, hätte sie zunächst einmal laut losgelacht, weil ihr das doch etwas sehr komisch vorgekommen wäre. Sie würde ihn dann aber bitten, sie einmal anprobieren zu dürfen, um festzustellen, dass sie ihr ganz gut stehen. Teresa würde sich dann »tierisch« darüber freuen, wenn er sie ihr vermacht – was er mit einem Schmunzeln sicher getan hätte.

Verlangen nach diesem Leben pur spüren

Warum spricht mich das so an? Ich glaube, weil ich in mir das Verlangen nach diesem Leben pur spüre. Ein Leben, das nicht eingezwängt in »Du musst« und »Das gehört sich nicht«, einfach leben, sich entfalten, sich verwirklichen kann. Ein Leben, bei dem ich alles, was mich ausmacht – und damit das, was zu mir gehört, was mein ganz Eigenes ist –, zur Entfaltung bringen kann.

Kaum habe ich das aufgeschrieben, höre ich schon die Pädagogen und Moralisten, die predigen, in allen Stücken Maß zu halten (vgl. Adolf Köberle/Meinrad Bumiller: *Gott alles in Allem. Ausblick auf Versöhnung von Eros und Agape*, Freiburg 1986, 26). »Nur keine Überschwänglichkeit, nur keine dionysische Naturseligkeit, nur kein Außersichsein ... Je mehr das Leben bei gedämpftem Trommelklang verläuft, um so mehr nähert es sich der christlichen Idealauffassung. Was Friedrich Nietzsche zu der sarkastischen Bemerkung veranlasste: ›Die Mäßigen sind auch immer die Mittelmäßigen!‹«

Wollen wir uns nicht mit dem Mittelmäßigen begnügen, sondern die Fülle des Lebens auskosten, »braucht es ein bisschen Verrücktheit«. Die vermisst Georgias Sorbas, ein Bekannter von Nikos Kazantzakis, den dieser als Alexis Sorbas in seinem Roman verewigte (Vgl. SZ, 25.12.2007, Nr. 246, 41). Er wirft ihm vor: »Du hast einen handfesten Verstand, er ist dein Verderben. Der Verstand ist ein Krämer, er führt Buch. Er sorgt immer für Reserven. Er schneidet die Leinen nicht ab, im Gegenteil, er hält sie fest in der Hand. Aber kannst du mir sagen, wonach schließlich das Leben schmeckt, wenn du die Leine nicht abschneidest? Nach Kamillentee, nicht nach Rum. Dir mangelt es an nichts, außer einem, das ist ein Stück Übergeschnapptheit.«

Das kann man von Teresa von Ávila nicht sagen. Sie konnte sich auch mit Kamillentee zufriedengeben, ohne damit den Rum zu verachten. Oder, um es noch einmal anders zu formulieren: Sie würde verstehen, was John Steinbeck meint, wenn er einem Gast empfiehlt, dem Tee mit einem Schuss Rum etwas mehr Autorität zu verleihen.

Die ekstatischen Triebkräfte des Christentums

Für Siegmund Freud ist jede psychoanalytische Behandlung ein Versuch, verdrängte Liebe zu befreien, die in einem Symptom einen kümmerlichen Kompromissausweg gefunden hat. Diese Symptome sind für ihn aber »nichts anderes als Niederschläge früherer Verdrängung – oder Wiederkehrkämpfe«, die »nur von einer neuen Hochflut der nämlichen Leidenschaft gelöst und weggeschwemmt werden können« (Sigmund Freud, *Der Wahn und die Träume in W. Jensens »Gradibva« (1907)*, in: Sigmund Freud, Werkausgabe in zwei Bänden, Band 2, Frankfurt 1978, S. 123).

In die gleiche Richtung geht der Tiefenpsychologe C. G. Jung. In einem Brief vom 11. Februar 1910 weist er der Psychoanalyse die Aufgabe zu, »den Christum sachte in den weissagenden Gott der Rebe, der er war, zurück zu verwandeln und so jene ekstatischen Triebkräfte des Christentums aufzusaugen, alles zu dem ›einen‹ Ende, den Kultus und den heiligen Mythos zu dem zu machen, was sie waren, nämlich zum trunkenen Freudenfeste, wo der Mensch in Ethos und Heiligkeit Tier sein darf.« Freud hatte damals kopfschüttelnd bemerkt: »In ihnen stürmt und wettert es heute wieder.« (Die Zeit, 19.7.1974, Nr. 30, 3)

In der Person und in den Werken der Teresa von Ávila begegnen wir diesen ekstatischen Triebkräften. Sie könnte daher, wie Hildegard von Bingen, mit dazu beitragen, diese ekstatischen Triebkräfte, die wohl einst im Christentum vorhanden waren, wiederzuentdecken (vgl. Peter Tyler, *Teresa of Ávila, Doctor of the Soul*, London 2013). Teresa von Ávila verdankt in ihrem Denken viel Francisco de Osuna, dessen Schriften Teresa offensichtlich kannte. Osuna spricht vom spirituellen Geschmack oder dem Geschmack an Gott, ein Begriff, den Teresa aufnimmt. Wissen von Gott geschieht nach Osuna nicht durch Wissen im Sinne von Kennen, sondern durch Schmecken, vor allem die Freuden des spirituellen Schmeckens, des spirituellen Vergnügens. Dieser spirituelle Geschmack scheint so ausgezeichnet zu sein, dass für jemanden, der ihn noch nicht ausgekostet hat, es gar nicht möglich ist, ihn zu beschreiben.

Dieser Geschmack unterscheidet sich von den schmackhaften Bissen dieser Welt. Wer die schmackhaften Bissen, die die Welt anzubieten hat, in großer Menge genießt, hat – so meinen wir – keinen Hunger mehr. Bei jenen, die sich an den Dingen Gottes erfreuen, verhält es sich anders herum. Wer sie schmeckt, hungert, verlangt danach, noch mehr zu wissen, noch mehr von dieser Freude zu erfahren. Bei ihm werden die Augen seiner Seele geöffnet, sodass er tiefer sehen kann, sein Herz wird geöffnet, damit er tiefer empfinden und bereiter empfangen kann. Sein Wissen wird über ein Kopfwissen hinaus um intuitives Erfahren und ganzheitliches Erkennen bereichert. Er ist dann mit dem Geschmack, den die Welt ihm vermittelt, nicht zufriedenzustellen. Es ist dann wie bei jemandem, der sich nicht damit begnügt, sich mit Wasser zu waschen, sondern der in den See springen und dort herumplanschen will. Wer also spirituelles Essen, spirituelle Nahrung schmeckt, den hungert es danach, mehr zu schmecken und sich an mehr zu erfreuen. Für Osuna ist Vergnügen ein Wegweiser zum spirituellen Fortschritt. Er zitiert dazu aus dem Buch der Sprichwörter (8,22–23):

Der Herr hat mich geschaffen im Anfang seiner Wege
beim Ursprung der Erde …
Als er den Himmel baute,
war ich dabei, als er den Erdkreis abmaß über den Wassern …
Als er die Fundamente der Erde abmaß.
Da war ich als geliebtes Kind bei ihm.
Ich war seine Freude Tag für Tag
und spielte vor ihm alle Zeit.
Ich spielte auf seinem Erdenrund,
und meine Freude war es, bei den Menschen zu sein.

Im Unterschied zur spekulativen Theologie ging es ihm und auch Teresa um die mystische Theologie. Die mystische Theologie ist aber eine Art schmackhaften Kennenlernens, ein Kennenlernen Gottes über den Geschmack (»Küssen ist Beten«). In diesem Zusammenhang ist es auch wichtig, was Ignaz Lepp feststellt: »Aus einer psychologischen Perspektive betrachtet, ist es unbestreitbar, dass die gefühlsmäßige Energie, die die Mystiker in der Liebe zu Gott aufbrachten, die gleiche ist wie jene, die andere für erotische Liebe, Freundschaft einsetzten.« (zitiert in: Tessa Bielecki: *Holy Daring. An Outrageous Gift of Modern Spirituality from Saint Teresa the Grand Wild Woman of Avila*, Rockfort 1994, 50)

In ihrem Buch über die Ordensgründungen geht Teresa von Ávila auf das Verhältnis von Sexualität und Spiritualität ein. So sehr sie sich für eine gegenseitige Nähe ausspricht, sieht sie auch die Gefahren, die zum Beispiel auch darin bestehen können, dass das Entzücken und die Ekstasen, die die Schwestern beim Kommunionempfangen erlebten, nicht über Gebühr verlängert werden. So baten manche Schwestern, täglich zur Kommunion gehen zu können, da sie glaubten, sterben zu müssen, wenn sie auf die damit einhergehenden Erfahrungen von Ekstase verzichten müssen.

In ihrem Buch über die Klosterstiftungen schreibt Teresa dazu: »Diese Nonnen empfanden so heftige Antriebe des Verlangens nach dem Herrn, dass sie sich nicht beherrschen konnten. Sie glaubten, nur durch die Kommunion befriedigt werden zu können; und so baten sie ihre Beichtväter um die Erlaubnis, sie öfters empfangen zu dürfen. Diese Pein nahm derart zu, dass sie sterben zu müssen glaubten, wenn man ihnen nicht täglich die heilige Kommunion reichte. Da die Beichtväter, von denen einer ein großer Geistesmann war, diese Seelen von so inniger Sehnsucht erfüllt sahen, so schien ihnen dies als das geeignete Mittel für ihr Leiden. Allein dabei blieb es nicht. Die eine von ihnen empfand ein so unerträgliches Verlangen, dass man ihr schon am frühen Morgen die heilige Kommunion reichen musste, um, wie sie meinte, am Leben bleiben zu können. So waren diese aber keine Seelen, die sich etwa verstellten; denn um keinen Preis in der Welt hätten sie eine Lüge gesagt.« (zitiert in: Erika Lorenz: *Weg in die Weite. Die drei Leben der Teresa von Ávila*, Freiburg 2003, 44)

Die Kraft in uns, die unser Innerstes nach außen kehrt

Duende – das ist das Lebenselixier der Dichter, Künstler, Musiker und Tänzer. Aber wir finden es nicht nur bei ihnen, sondern können es auch in uns selbst entdecken, zulassen, verwirklichen. Denn *duende* ist die Kraft in uns, die unser Innerstes nach außen kehrt: unsere größte und tiefste Leidenschaft, unsere tiefste Sehnsucht nach Leben, ja unser Aufbegehren nach Leben und Lebendigkeit, unser stärkster Antrieb, Leben zu schaffen. Sie ist die Quelle unserer Kreativität, unserer Schaffenskraft, der es darum geht, uns zu verwirklichen in dem, was wir tun, damit das, was uns im Tiefsten ausmacht, in den unterschiedlichsten Ausfaltungen Wirklichkeit in unserem Leben wird.

Dabei kümmert sich diese Kraft nicht um Vorschriften, Grenzziehungen, Verbote. Sie will leben, sich entfalten. Wird sie gebremst, eingeschränkt – durch Erziehung, Gesellschaft, Kirche –, bäumt sie sich zunächst auf, versucht sie, Schlupflöcher zu finden, die es ihr ermöglichen, doch noch zum Zug zu kommen. Muss sie kapitulieren, lässt sie uns traurig zurück. Dann darf etwas Entscheidendes in uns nicht leben. Wir bleiben abgeschnitten von einer Quelle, die uns mit dem Kostbarsten versorgt, das wir haben.

Teresa von Ávila ermutigt uns durch ihr Leben, diese Lebenskraft zu nutzen. Wir sollen uns diese Lebenskraft nicht schlechtmachen und schlechtreden zu lassen. Teresa weiß, wie langweilig, sinnlichkeitsdämpfend unser Leben werden kann, wenn wir diese Kraft ersticken, in der Begegnung mit uns selbst, in unseren menschlichen Beziehungen und dann auch in unser Beziehung zu Gott. Dabei soll doch unser Leben bis zum Schluss lebendig, spannend bleiben.

Auf die Frage: »Wird man mit den Jahren gelassener?« antwortet der Popsänger Herbert Grönemeyer: »Die Gefühle, die Intensität der Wut, des Glücks, der Leidenschaft, all das legt sich nicht. Das wäre auch schade. Das ist ja der Trieb, der Antrieb! Zum Glück. Sonst könnte ich ja gleich die Kiste zumachen.« (in: Auf Schicht, in: Süddeutsche Magazin, Nr. 18, 30.4.2014, Nr. 17, S. 8–17)

Pater Deocar Engelhard OSB

Weil wir ja schon auf dem richtigen Weg sind

»Gott ..., der den Himmel, die Erde und das Meer geschaffen hat und alles, was dazugehört ... Er tat Gutes, gab Regen vom Himmel, fruchtbare Zeiten, mit Nahrung und Freude erfüllte er euer Herz« (Apostelgeschichte 14,15–17). Wenn wir die Art der Verkündigung betrachten, die Paulus pflegte, dann fällt auf, dass er sich erstaunlich anpassungsfähig erweist, wenn er den Zuhörern die Frohbotschaft erschließen will. Er holt die Menschen dort ab, wo sie stehen, setzt bei dem an, was sie kennen und verstehen. So verkündet er den Juden Jesus als den Messias – als den, auf den die Geschichte Israels hinweist, der von den Propheten vorausgesagt und angekündigt ist. Die Juden wissen sofort, wovon er spricht, kennen ihre Heilsgeschichte und hören, dass er vom Plan Gottes mit seinem Volk erzählt, von der großen Sehnsucht nach dem messianischen Heil. Von daher gibt es immer wieder viele Menschen, die sich darauf einlassen und »gläubig« werden.

Anders bei den Heiden, denen kann Paulus nicht mit Geschichte und Verheißung des Alten Testamentes kommen, sie kennen das nicht. So setzt er an anderer Stelle an, dort, wo sie »mitgehen« können, wo ihre Gottesvorstellungen angesprochen werden: beim Gott, der alles erschaffen hat, der dem Menschen wohlgesonnen ist und ihn ernährt, Freude zugedenkt. Offensichtlich ist er sich sicher, dass ihn die Zuhörer so verstehen und innerlich mitgehen können.

So ist die Predigt des Paulus für mich ein Vorbild und Beispiel für Verkündigung: Der Zuhörer will bei seinen Erfahrungen angesprochen werden, will nachvollziehen können, was gesagt wird, damit er auch den zweiten Schritt, nämlich zum Glauben an Jesus, mitgehen kann.

Vielleicht liegt gerade darin eine Erklärung für den beeindruckenden Erfolg der Predigt des Paulus, dass er versucht, die Zuhörer in ihren Erfahrungen abzuholen. Diese Erfahrungen will er dann geduldig weiterführen, weil seine Zuhörer schon auf dem richtigen Weg sind, nur eben eine höhere, die eigentliche Stufe des Glaubens an Gott gewinnen sollen, indem sie die Heilsgeschichte sehen, die in Jesus Christus begonnen hat.

Wunibald Müller

Harret auf Christus

Jedes Jahr trifft sich im Recollectio-Haus der Beirat. Er besteht aus Männern und Frauen, die in unterschiedlichen Bereichen tätig sind und unsere Arbeit im Recollectio-Haus kritisch begleiten sollen. Augenblicklich gehören dem Beirat Ursula Schieler, die in ihrer Diözese Rottenburg-Stuttgart für die Gemeindereferentinnen und Gemeindereferenten zuständig ist, Peter Falk, früher Spiritual im Priesterseminar, jetzt Seelsorger in Münstertal und Spiritual im dortigen Kloster, Schwester Katharina Kluitmann, Generaloberin in ihrem Orden und an dem kirchlichen Beratungszentrum centro in Münster als Psychotherapeutin tätig, Konrad Göller, der bis vor Kurzem verantwortlich in der Personalabteilung der Erzdiözese Bamberg arbeitete, und Dr. Bernd Deininger, Psychoanalytiker und Chefarzt der psychosomatischen Abteilung der Martha-Maria-Klinik in Nürnberg.

Dr. Bernd Deininger, der schon sehr lange dem Beirat angehört, ist für uns ein wichtiger Gesprächspartner, wenn es unter anderem um das Zusammenspiel von Medizin und Psychotherapie geht. Die Tatsache, dass mit Frau Dr. Ilse Müller eine Psychiaterin, die zugleich Psychotherapeutin ist, zu unserem Team gehört, zeigt ja, wie wichtig für unsere Arbeit die medizinische Seite ist und wie sehr uns daran gelegen ist, diesen Aspekt immer wieder angemessen in unserem Behandlungsangebot zu berücksichtigen.

Bernd Deiniger ist nicht nur Mediziner, sondern auch evangelischer Theologe. Im folgenden Beitrag stellt er einen biblischen Text (2 Thessalonicher 3,5) in Beziehung zu Jean Pauls Rede des toten Christus vom Weltgebäude herab, dass kein Gott sei. Er spricht darin ein Thema an, das – so sehr das manche erstaunen mag – auch kirchliche Mitarbeiter und Mitarbeiterinnen betrifft.

Dr. Bernd Deininger

Der Traum vom immer wiederkehrenden Zweifel

Wenn man von einem Menschen sagt: »Der hat nichts mehr zu erwarten«, dann ist es meist schlecht um ihn bestellt. Denn nichts mehr erwarten zu dürfen, das ist so viel wie ohne Aussicht beziehungsweise aussichtslos zu sein. Es versteht sich von selbst, dass sich in aussichtsloser Lage Angst einstellt, jene beklemmende Enge, die keinen Ausweg, keine Öffnung mehr sieht. Oft sind Ängste im Alltäglichen begründet, ein Anflug nur, am nächsten Tag schon wieder verflogen, sodass die Welt bald wieder freundlich erscheint. Doch manchmal bedrücken Ängste unsere ganze Existenz, insbesondere in den jetzigen Tagen, in denen wir vor dem Terror Angst haben, von dem wir nicht wissen, wann und wo er an irgendeinem beliebigen Ort unserer Welt auftritt.

Diese Form von Angst, die sich auf etwas Konkretes richtet, ist von einer anderen Angst zu unterscheiden, die ebenfalls unsere ganze Existenz einnimmt, aber auf nichts Konkretes gerichtet ist. Sie ist noch bedrückender und belastender, da wir ihr nichts zuordnen können, sondern sie uns überflutet und ständig unsere Gedanken beschäftigt.

Aber bei beiden Ängsten verlässt uns alle Heiterkeit und unser Denken ist von dunklen Schatten bedeckt. Es erscheint uns dann vieles, was eigentlich nicht sein müsste, düster und finster und wir stellen umfassende Fragen wie: Ist denn alles nicht aussichtslos und ohne Sinn?

Memento mori und *carpe diem* gehören zusammen:

Ihrer 60 hat die Stunde,
über 1000 hat der Tag.
Söhnchen! Werde dir die Kunde,
was man alles leisten mag.

Johann Wolfgang von Goethe hat diese Zeilen im April 1825 seinem Enkel ins Stammbuch geschrieben (Johann Wolfgang von Goethe, *Sämtliche Werke*, Gedichte, Band 1, Zürich 1979). Dabei zitiert er Jean Paul, der als Johann Paul Friedrich Richter am 21. März 1763 im oberfränkischen Wunsiedel geboren wurde. Es gibt kaum einen anderen Autor der literarischen Vormoderne, der so wortgewaltig gegen Tod und Vergessen anschrieb wie er.

Es ist kein Gott …
wie unausdenkbar, furchtbar wäre dieser Gedanke

Einen Albtraum der abgründigsten Art hat Jean Paul im Revolutionsjahr 1789 in Form eines Textes aufgezeichnet, der ursprünglich »Des toten Shakespeares Klage unter den toten Zuhörern in der Kirche, dass kein Gott sei« überschrieben war und später als »Rede des toten Christus« im *Siebenkäs* zu Berühmtheit gelangt ist.[1]

Die Mittel, deren sich der Dichter bei der Redengestaltung bediente, sind diejenigen der Poesie und Ästhetik des Erhaben-Schrecklichen.

---

1 Jean Pauls Roman *Blumen-, Frucht- und Dornenstücke, oder: Ehestand, Tod und Hochzeit des Armenadvokaten F. St. Siebenkäs* – kurz *Siebenkäs* – ist online verfügbar, zum Beispiel unter www.zeno.org/Literatur/M/Jean+Paul/Romane+und+Erzählungen/Blumen-,+Frucht-+und+Dornenstücke. Das »Erste Blumenstück« im »Zweiten Bändchen« trägt den Titel: »Rede des toten Christus vom Weltgebäude herab, daß kein Gott sei«. Hieraus stammen die folgenden Zitate.

Er »will Schrecken erregen, um die philosophischen Atheisten – und sich selbst – heftig zu rühren und zu erschüttern«. In diesem Sinne hat Jean Paul dem Vorbericht zur Rede folgende Anmerkung vorangestellt:

»Wenn einmal mein Herz so unglücklich und ausgestorben wäre, dass in ihm alle Gefühle, die das Dasein Gottes bejahen, zerstöret wären; so würd' ich mich mit diesem meinem Aufsatz erschüttern und – er würde mich heilen und mir meine Gefühle wiedergeben.«

»Ich lag einmal an einem Sommerabende vor der Sonne auf einem Berge und entschlief. Da träumte mir, ich erwachte auf dem Gottesacker« ... »Jetzo sank eine hohe edle Gestalt mit einem unvergleichlichen Schmerz aus der Höhe auf den Altar hernieder und alle Toten riefen: ›Christus! Ist kein Gott?‹ Er antwortete: ›Es ist keiner.‹« ... »Christus fuhr fort: ›Ich ging durch die Welten, ich stieg in die Sonnen und flog mit den Milchstraßen durch die Wüsten des Himmels; aber es ist kein Gott. Ich stieg herab, so weit das Sein seine Schatten wirft, und schaute in den Abgrund und rief: ‚Vater, wo bist du?' Aber ich hörte nur den ewigen Sturm, den niemand regiert, und der schimmernde Regenbogen aus Westen stand ohne eine Sonne, die ihn schuf, über dem Abgrunde und tropfte hinunter. Und als ich aufblickte zur unermesslichen Welt nach dem göttlichen Auge, starrte sie mich mit einer leeren bodenlosen Augenhöhle an; und die Ewigkeit lag auf dem Chaos und zernagte es und wiederkäuete sich.‹« ... »Und alles wurde leer. Da kamen, schrecklich für das Herz, die gestorbenen Kinder, die im Gottesacker erwacht waren, in den Tempel und warfen sich vor die hohe Gestalt am Altare und sagten: ›Jesus! Haben wir keinen Vater?‹ – Und er antwortete mit strömenden Tränen: ›Wir sind alles Waisen, ich und ihr, wir sind ohne Vater.‹« ... »So hob er, groß wie der höchste Endliche, die Augen empor gegen das Nichts und gegen die leere Unermesslichkeit und sagte: ›Starres, stummes Nichts! Kalte, ewige Notwendigkeit! Wahnsinniger Zufall! ... Wie ist jeder so allein in der weiten Leichengruft des Alls! ... O Vater! O Vater! Wo ist deine unendliche Brust, dass ich an ihr ruhe? – Ach wenn jedes Ich sein eigener Vater und Schöpfer ist, warum kann es nicht auch sein eigener Würgeengel sein?‹«

Es ist kein Gott ... wie unausdenkbar, furchtbar wäre dieser Gedanke. Welch ein Grauen, welch ein Abgrund! Die Welt, sie müsste uns tatsächlich als eine leere bodenlose Augenhöhle anstarren und wir wären – vaterlos – umgeben und erfüllt von einer kalten ewigen Leere. Deshalb auch ist diese Form des Atheismus kein Gedanke, mit dem man sich in philosophischer Gesellschaft trösten könnte, um sich im Zeitgeist zu integrieren. Nein, Atheismus, das ist kein Gedanke, mit dem sich spielen ließe, denn hier tun sich Abgründe auf, die alles verschlingen, sodass zuletzt nur die Verzweiflung, das Nichts bliebe.

Der große fränkische Dichter Jean Paul hat das gesehen. Und seine Absicht war es, mit der zitierten Rede des toten Christus den Atheismus als einen Ungedanken zu erweisen, als eine Unmöglichkeit, die in die Verzweiflung, die ins Nichts führt.

Tatsächlich endet »die erste und zugleich ästhetisch vielleicht spektakulärste der zahlreichen Vernicht-Visionen« (Helmut Pfotenhauer, *Jean Paul – Das Leben als Schreiben*, München 2013, S. 86), die Jean Paul geschrieben hat »nicht schrecklich«, sondern tröstlich und in einem Erwachen, welches österlich genannt zu werden verdient:

»Meine Seele weinte vor Freude, dass sie wieder Gott anbeten konnte – und die Freude und das Weinen und der Glaube an ihn waren das Gebet. Und als ich aufstand, glühte die Sonne tief hinter den vollen purpurnen Kornähren und warf friedlich den Widerschein ihres Abendrotes dem kleinen Monde zu, der ohne eine Aurora im

Morgen aufstieg; und zwischen dem Himmel und der Erde streckte eine rohe vergängliche Welt ihre kurzen Flügel aus und lebte, wie ich, vor dem unendlichen Vater; von der ganzen Natur um mich flossen friedliche Töne aus, wie von fernen Abendglocken.«

Dass dieser Schluss unveräußerlich zum Text gehört, beweist die Empörung, mit der Jean Paul auf seine Entfernung in einem Abdruck reagierte. Jean Paul war zu seiner Zeit einer der phantasievollsten und beliebtesten Schriftsteller deutscher Sprache. Noch heute ist er Oberfrankens, ja Bayerns berühmtester Dichter und hat einen festen Platz in der Weltliteratur. Er steht literarisch zwischen Klassik und Romantik und nimmt hier eine Sonderstellung ein.

Jean Pauls Schreckensphantasien sind darauf angelegt, die produktive Einbildungskraft fundamental zu erschüttern, um so eine grundlegende Umkehr zu bewirken und himmlische Aussichten zu eröffnen. Jean Pauls Denken hatte seine geistigen Wurzeln im 18. Jahrhundert, von denen er sich erst im zähen intellektuellen Ringen lösen muss.

Schauplatz dieser geistigen Kämpfe ist das rätselhafte und gefährliche Feld des Unbewussten. Für dessen geheimnisvolle »dunkle« Stellen hat Jean Paul die schöne und folgenreiche Metapher des noch unerforscht gebliebenen »inneren Afrika« gefunden. Es ist unstrittig, dass Jean Paul sich als erster großer Denker konkret mit dem Unbewussten beschäftigt hat und dem gefühlshaften Erleben einen großen Raum gab. Insbesondere setzte er sich von seinen philosophischen Zeitgenossen – wie Kant, Hegel und Fichte – dadurch ab, dass diese doch im Wesentlichen auf die Vernunft und auf das abstrakte Denken setzten. Jean Paul hingegen schlug mit der Annahme des Unbewussten eine Brücke zum Schöpferischen im Menschen.

Den Leser einzuschläfern, um ihn dann seinen Träumen zu überlassen

Den Leser einzuschläfern, um ihn dann seinen Träumen zu überlassen, ist ein Ziel, mit dem Jean Paul eine weitgreifende Absicht verbindet. Im Vorwort zum *Siebenkäs* zählt er verschiedene Möglichkeiten auf, mit Worten Langeweile zu erzeugen. Ziel des Unterfangens ist es zum Beispiel, den Vater einer verehrten Schönen bei abendlichen Besuchen des Dichters im Elternhaus in den Schlaf zu reden, um dann mit der Freundin ungestört zu sein. Selbstironisch bis zum Äußersten erreicht dies Jean Paul am besten durch das Vorlesen seiner eigenen Schriften.

Die Bilderwelten des Traumes eröffnen im Schlaf Einblicke in ein »zweites Leben«. Die Bewohner des Traumreiches wissen nichts von der Endlichkeit der Vernunft sowie der Rigidität und Trennschärfe der Begriffe.

Das Reich des Traumes ist zuerst der Schauplatz des Unbewussten. Die Dynamik von Triebleben und Verschmelzungswünschen, von Lebensfreude und Todessehnsucht findet hier in ungeheuren Bildern ihren Ausdruck. Dies zeigt sich besonders in dem oben dargestellten Traum des armen Advokaten Siebenkäs. Hier ist der existenzielle Schrecken des Menschen, der sich seiner marginalen Stellung in einem dezentrierten Kosmos bewusst geworden ist, in surreal anmutende Bilder gefasst. Jean Paul neigte der Ansicht zu, dass Seele und Körper des Menschen in zwei Parallelwelten zueinander stehen, in denen Körper und Seele ihr eigenständiges und doch wie über ein unsichtbares Band verknüpftes Dasein fristen. Er vertrat die Ansicht, die Seele könnte Mittlerin zu Gott sein und so einen direkten Kontakt zu Gott herstellen.

Der Atheismus ist also ein Gedanke ohne Sinn, ein sinnloser Gedanke, der alles ins Nichts reißt. Das kann einerseits richtig sein und dennoch, manchmal erscheint sein Sog so übermächtig und droht auch den Glaubenden an sich zu reißen und zu verschlingen. Erscheint uns die Welt und das Leben nicht tatsächlich oft so, als ob Gott abwesend wäre, als ob es ihn gar nicht gäbe? Fühlen wir uns nicht häufig von allen, auch von Gott, verlassen und in leerer Einsamkeit? Jeder wird wohl dieses Gefühl kennen. Es gibt viele Augenblicke im Leben, die leer sind oder mit Trauer und Schmerz angefüllt. Alle Wärme ist in solchen Momenten verloren gegangen, man fühlt sich der Kälte, der Einsamkeit ausgeliefert und – von Gott – verlassen.

Dann kann uns auch der Gedanke an einen Gott nicht trösten, der der Grund der Schöpfung ist, dem wir unsere Existenz verdanken und der uns liebt so wie wir sind.

Innehalten, um sich das Antlitz Gottes im Kreuz Christi bewusst zu machen

Es bedarf immer wieder einer Selbstreflexion und eines Innehaltens, sich das Antlitz Gottes im Kreuz Christi bewusst zu machen. Es ist ein Antlitz der Liebe, Gnade und Barmherzigkeit. Auch Christus, der sich häufig einsam und verlassen gefühlt hat, hat all die menschlichen Ängste und Schwächen erlebt und hat sich mit unseren Nöten auseinandergesetzt. Gott hat sich in ihm eingelassen auf die Niedrigkeit und Schwachheit der Menschen. Und deshalb hat der christliche Gott ein menschliches Antlitz und wir haben deshalb auch Menschliches von ihm zu erwarten. Dieses zu wissen, ist Trost in der Angst und eröffnet den Aussichtslosen Hoffnung.

Und deshalb schärft der Schreiber des Zweiten Thessalonicherbriefs dies als das Wichtigste ein: »Harret auf Christus, richtet eure Augen auf ihn. Denn in ihm liegt der Grund eurer Hoffnung und die Ursache des Vertrauens ist er.« (3,5) Dieser Gedanke führt uns in das Zentrum des Glaubens hinein. Denn nichts anderes ist der

Glaube, als vertrauensvolle Erwartung und gläubige Hoffnung, die gewiss ist, dass Gott seinem einmal gegebenen Versprechen ewig treu bleibt. Er, der sich in Christus neben uns gestellt hat, will ewig bei uns bleiben, auch in den jetzigen Zeiten, die uns so sehr ängstigen und in denen so vielen Menschen Unrecht geschieht.

Und deshalb brauchen wir auch in Situationen der vermeintlichen Gottverlassenheit, in denen alles so scheint, als wäre kein Gott, nicht verzweifeln. Denn als Christus kurz vor seinem Ende die Worte sprach: »Mein Gott, mein Gott, warum hast du mich verlassen«, hat sich gerade an dieser Stelle Gott zu ihm bekannt. Dieses Bekenntnis Gottes zu uns Menschen hat Jean Paul in seiner »Vorschule zur Ästhetik« (1804) folgendermaßen formuliert (*Jean Pauls Werke in vier Bänden*, München 1960):

»Dem Dichter obliegt es, den dunklen Part im Inneren des Menschen zur Sichtbarkeit zu bringen. Es ist nämlich das Unbewusste das Mächtigste im Dichter, welches seinen Werken die gute und böse Seele einbläst. Es enthält Göttliches, das dem Menschen fremd und dunkel ist. Ein unauslöschliches Gefühl stellt in uns etwas Dunkles, was nicht unser Geschöpf, sondern unser Schöpfer ist.«

Dieses mit Schöpfer benannte Prinzip enthält nicht nur unheimliche, sondern auch produktive Kräfte, ähnlich wie es später von Sigmund Freud formuliert wird. Freud hat für viele seiner Überlegungen die antike Götterwelt bemüht, am berühmtesten ist der Ödipus-Mythos geworden. Jean Paul hingegen greift zu den heimischen Gestalten des Himmels, den Engeln. Der Mensch schafft sich die Himmelsboten, um eine Erklärung für die beunruhigende Ungewissheit über den Tod und das zweite Leben zu erlangen. Diese Engel nehmen wechselnde Verkleidungen an und erscheinen beispielsweise als erlösende oder schreckeinflößende Todesengel.

Nach Jean Paul verheißt die innere Natur in uns kosmische Geborgenheit, aber auch Ängste, die im Zeichen der Ablösung aus einer kindlichen Bedürfnislage entstehen. Die Konsequenzen für ein Bewusstsein, das sich nach Harmonie sehnt, bestehen im Ausdruck der ambivalenten Struktur der inneren Natur. In der klaustrophobischen Schreckensvision des »toten Christus« setzt Jean Paul diese Ängste eindrucksvoll ins Bild.

»Das Ziel dieser Dichtung«, schreibt er zu Beginn dieser umstrittenen Passage, »sei die Entschuldigung ihrer Kühnheit«. Werden die psychologischen Voraussetzungen des Unbewussten gesehen, hat die Dichtung tatsächlich ihr Ziel erreicht.

Gott in seiner bergenden Mütterlichkeit, die uns trägt

Im Traum von der Rede des toten Christus ist die Kühnheit der Bilder lediglich ein ästhetisch adäquater Ausdruck dunkler Triebkräfte, nicht mehr skandalöse Lust an der Regelverletzung – und damit wäre es der Traum eines »reifen Menschen«, der sich mit seinen Loslösungsängsten auseinandersetzt.

Es geht dann darum, die ungeheure Spannweite ambivalenter unbewusster Regungen in ihrer Widersprüchlichkeit wahrzunehmen und sie in den unterschiedlichen Ausprägungen ihrer individuellen Formulierung anzuerkennen. Wenn also der Traum einen Hinweis auf das Göttliche im Menschen gestattet, so wäre er als Schreckensszenario zugleich auch Trost, der uns umgeben kann, da mit dem Aufwachen das Gottesbewusstsein erst richtig einsetzt.

Jean Paul, der seinen Vater selbst sehr früh verloren hat, identifiziert sich mit der Christusgestalt und wünscht sich, dass wenn er schon seinen Vater verloren hat, niemand, auch Christus nicht, einen Vater haben darf. Die unbewussten Neidgefühle auf andere Menschen, die einen Vater haben, sind dann beseitigt. Zum anderen verschmilzt das

Selbst des Dichters mit dem Größenselbst der göttlichen Existenz und macht ihn damit selbst Gott gleich, der zwar – vaterlos – erschrickt, aber doch letztendlich das Leben und den Tod meistern kann.

Der Traum von der »Rede des toten Christus« zeigt, dass in unserem Inneren immer wieder Größenphantasien auftreten können, die sich wünschen, ohne eine Gottesgestalt zurechtzukommen, da wir selbst gerne gottgleich wären. Im Aufwachen aber – wenn sich das Unbewusste mit dem Bewussten berührt und das grandiose Größen-Selbst zum Real-Selbst reduziert wird –, stellt Gott sich in seiner bergenden Mütterlichkeit dar, die uns trägt und die uns auch die Sonne am Abendhimmel warm und wohlig wahrnehmen lässt.

Jean Paul war schon als Kind vertraut mit Tod und Sterben, mit Not und Elend. Ein Bruder hat sich suizidiert, weil er die Armut nicht mehr aushalten konnte. Er musste erleben, wie Kinder nach der Geburt – man holte eben eher den Pfarrer als den Arzt – früh starben. Bei aller inneren und äußeren Not, die er erlebt und selbst durchlitten hat, ist für ihn »Verzweiflung der einzig echte Atheismus«. Denn auf dem Grunde aller Verzweiflung findet er – Gott. Gott ist für ihn das Gegenüber, von dem er nicht loskommt, weil er ein Teil von ihm ist.

Jean Paul war der Ansicht, die Grauen der Nacht sollen erkundet werden, um Aufklärung zu schaffen und um Licht ins Dunkel zu bringen, damit der Mensch sich erhebe und auferstehe zu einem neuen Morgen, der keinen Abend mehr kennt. Das Traumleben spielt sich nicht nur im nächtlichen Dunkel des Unbewussten ab, es gibt auch Dämmerträume im Übergang von Tag und Nacht, die vom Unbewussten schon ins Bewusstsein aufgestiegen sind. In vielen seiner Träume geht es meist um die Frage, den göttlichen Teil zu finden, den er in sich trägt. Diesen Teil hält er bei allen Menschen für gültig.

Und dieses Gefühl, dass Gott ein Teil von uns ist, leuchtet in der paulinischen Äußerung des »Harret auf Christus« auf. Denn es heißt damit, je mehr wir in uns hineinhören und je mehr wir unser inneres wahres Selbst spüren – oder auch darauf warten, dass wir Zugang zu unserem Inneren finden –, desto mehr bekommt der Satz aus der nachösterlichen Erzählung im Evangelium des Johannes an Bedeutung: »Da es aber nun Morgen wurde, stand Jesus am anderen Ufer.« (21,4)

So kurz dieser Satz ist – er ist doch das Ganze des Evangeliums. Was auch geschieht, wir haben etwas zu erwarten, weil er auf uns wartet: der menschliche Gott. Hier spannt Johannes einen großen Bogen vom Irdischen ins Jenseitige, es könnte ein Regenbogen sein, der – nach biblischem Zeugnis in die Wolken gesetzt – als ewiges Gedächtniszeichen des Noahbundes zwischen Gott und allen irdischen Lebewesen über die Generationen hinweg geschlossen ist.

Auch der dichterische Regenbogen, wie ihn Jean Paul im »Ring der Ewigkeit« beschreibt und der sich in seinem ganzen Werk ausspannt, soll Irdisches und Himmlisches, Göttliches und Menschliches vereinen und insbesondere die Kluft überbrücken, für die Tod, Grab und Verwesung stehen.

Im »Der Traum im Traum« überschriebenen Zweiten Blumenstück, das unmittelbar auf die »Rede des toten Christus« folgt, spricht der Menschensohn zur Gottesmutter:

»Die Erde ist ein Traum voll Träume; du musst entschlafen, damit dir die Träume erscheinen können.«

Maria willigt ein, damit sie, wie sie sagt, »die Menschen träume«, will heißen: In jener Form sich vorstellig machen, die der menschlichen Bestimmung zur Gottesebenbildlichkeit entspricht. Man kann Träume dieser Art getrost Einbildungen nennen, wenn man von diesem Begriff jene Bedeutungsmomente fernhält, die sich erst in der Zeit nach Jean Paul mit ihm verbunden haben. Für den Dichter selbst waren Imagination, Phantasie und die Kraft zu produktiver Einbildung unentbehrliche Medien eines Lebens, das über den Tod hinaus weist und nicht in seinem Schatten vergeht. Ohne Einbildungskraft, Phantasie und Imagination, die dem Menschen seine gottebenbildliche Bestimmung und die Bestimmung seiner Welt wider Übel und Sünde, Tod und Teufel innerlich vor Augen hält, muss Jean Paul zufolge menschliches Leben dem Ungeist der Beschränktheit verfallen und in der Enge der Angst verkommen.

Eine Befreiung gibt es, wenn viele unbewusste Phantasien sowie Symbolbildungen in den Träumen ins Bewusstsein gehoben sind. Die Wirklichkeit Gottes bildet sich dann im Menschen ein, mit der Möglichkeit, das ganze ungeteilte Dasein mit seinem Sinngrund zu erfassen und sich nach dem individuellen Ende auf den am anderen Ufer wartenden Jesus zu freuen.

Pater Zacharias Heyes OSB

Auch wenn es lebensgefährlich ist

An der Person Jesu scheiden sich die Geister. Für die einen ist er nur ein Mensch, der Sohn des Zimmermanns Josef. Man kennt seine Geschwister, man weiß, woher er stammt. Die Menschen können nicht glauben, dass aus so einer normalen Familie der Sohn Gottes hervorgehen kann. Für die anderen ist er ein Prophet. Und wieder andere können mit Petrus sagen: »Du bist der Messias, der lebendige Sohn Gottes.«

Dieses Bekenntnis zu Jesus als Erlöser kann spalten und Krieg bringen. Wir lesen in Matthäus 10,34–11,1, dass Jesus ankündigt, dass Familien sich entzweien werden – seinetwegen. Er sei gekommen, das Schwert zu bringen, nicht den Frieden. Und wir erleben es tagtäglich in den Nachrichten, wie Christen gewaltsam verfolgt, gefoltert, getötet werden, weil sie an Christus glauben.

Jesus ermutigt zum klaren Bekenntnis. Dabei sagt er zwar sehr deutlich, dass nur der, der sein Leben um seinetwillen verliert, es gewinnen wird. Derjenige, der nicht egozentrisch an seinem Leben festhält, derjenige, der entschieden Christus nachfolgt – der wird ewiges Leben haben. Es ist und bleibt die Frage, was dem je einzelnen Menschen sein Glaube wert ist und wie entschieden er ist.

Diese Entscheidung hat dann Konsequenzen. Wer Jesus konsequent nachfolgt, wendet sich dem Bedürftigen zu: dem, der Not leidet und mein Nächster ist; aber auch mir selbst und meiner eigenen Bedürftigkeit, die kein Egoismus ist. Nur wer gelernt hat, für sich selbst zu sorgen, kann auch für andere sorgen. Jesus ist entschieden für uns und sorgt für uns. Entscheiden wir uns heute neu! Auch wenn es lebensgefährlich ist. Uns ist das Leben verheißen.

Wunibald Müller

Selbstbegegnung – Loslassen – Einswerden

Das Recollectio-Haus ist einem Parlatorium vergleichbar, also einem Ort, an dem viel gesprochen wird, seien es der Austausch der Gäste miteinander oder die Gespräche in der Gruppe, die spirituellen und psychotherapeutischen Einzelgespräche. Dabei sind die Gäste des Hauses und ihre Begleiter bemüht, sich mit Respekt zu begegnen, mehr als das sonst im Alltag möglich ist, aufeinander zu hören und den anderen zu verstehen. So ist viel Leben und manchmal auch Aktion im Recollectio-Haus, es geht manchmal auch laut her, es wird viel gelacht oder auch musiziert.

Dann gibt es aber auch Zeiten, in denen die Gäste des Hauses eingeladen sind, in die Stille zu gehen und zu schweigen. David Steindl-Rast meint: »Stille bedeutet ja letztlich das, was über alle Worte geht.« (Anselm Grün/David Steindl-Rast, *Das glauben wir –Spiritualität für unsere Zeit*, Münsterschwarzach 2015, 108)

Genau deswegen ist es so wichtig, dass im Recollectio-Haus neben dem Reden der Stille und dem Schweigen viel Bedeutung eingeräumt wird. »Beim Schweigen muss ich etwas tun: also den Mund halten und auch die Gedanken zum Schweigen bringen. Stille ist etwas Vorgegebenes.« (Ebd., 109). Die Zeit der Stille wird vorgegeben und wir schauen, dass es im Haus dann auch still ist. Das Schweigen liegt dann bei unseren Gästen.

Es gibt einige Wochenenden, vor allem auch ein Wochenende in der Mitte des Kurses und ein Wochenende gegen Ende, an denen Stille im Haus ist und Schweigen angesagt ist. Schwester Sylvia bietet manchmal eine Einführung in die Stille an, Pater Anselm führt am Anfang des Kurses in die Meditation ein. Was er dabei sagt und wie er dabei vorgeht, berichtet er in folgendem Beitrag.

Pater Anselm Grün OSB

Einführung in die Meditation

Die Bedeutung des Schweigens im frühen Mönchtum

Bei der Einführung in die Meditation spreche ich zuerst über die Bedeutung des Schweigens im frühen Mönchtum. Das Schweigen beinhaltet für die Mönche drei Schritte.

Der erste Schritt ist die Selbstbegegnung. Ich begegne meinen eigenen Gedanken und Emotionen und meinen Leidenschaften. Die Mönche nennen sie »logismoi«. Dabei geht es nicht darum, diese Leidenschaften auszureißen oder zu unterdrücken, sondern sie zu verwandeln. In jeder Leidenschaft steckt auch Kraft. Und diese Kraft brauche ich für meinen geistlichen Weg. Die Mönche nennen diesen ersten Schritt des Schweigens auch Dämonenkampf. Sie ringen mit den Dämonen, mit den Leidenschaften, damit sie nicht von ihnen beherrscht werden, sondern ihre Kraft in ihren Weg zu Gott integrieren können.

Der zweite Schritt des Schweigens ist das Loslassen. Es geht darum, sich von den Gedanken und Emotionen zu distanzieren. Das gelingt aber nur, wenn ich sie anschaue. Ich nehme die Gedanken und Gefühle wahr und lasse sie jetzt für diesen Augenblick beiseite. Ein Weg der Distanzierung ist auch das Gehen: sich freigehen oder freilaufen von dem, was mich bedrängt. Ein anderer Weg ist das, was die Bibel mit Sterben bezeichnet. Ich sterbe der alten Identität ab, in der ich mich über Erfolg und Anerkennung definiert habe, und finde in Christus meine neue Identität. Das ist das, was Paulus mit der Taufe meint: »Wir wurden mit Christus begraben durch die Taufe auf den Tod; und wie Christus durch die Herrlichkeit des Vaters von den Toten auferweckt wurde, so sollen auch wir als neue Menschen leben.« (Römer 6,4) Der Psychologe Roberto Assagioli hat zu diesem spirituellen Vorgang eine Übung entwickelt, die sogenannte Übung der Disidentifikation. Ich beobachte den Ärger, der in mir aufsteigt. Aber der Punkt, der den Ärger beobachtet, ist vom Ärger nicht infiziert. Ich sage mir dann vor: Ich habe Ärger, aber ich bin nicht mein Ärger. Diese Übung führt mich immer mehr zu meinem spirituellen Selbst, zur inneren Mitte meiner Seele, die von den Gedanken und Gefühlen und Leidenschaften nicht getrübt ist. Die Disidentifikation ist gleichsam das Sterben des alten Menschen und die Kontaktaufnahme mit dem neuen Menschen, mit dem spirituellen Selbst, mit dem Christus in mir.

Der dritte Schritt des Schweigens ist das Einswerden. Dies kann ein personales Einswerden mit Gott bedeuten. Ich schaue Gott an und lasse mich von ihm anschauen und fühle mich in diesem Schauen eins mit Gott. Es kann aber auch überpersonal verstanden werden. Dann ist das Schweigen der Weg in den inneren Raum der Stille. In jedem von uns ist dieser innere Raum der Stille auf dem Grund der Seele. Aber oft sind wir von diesem Ort der Stille abgeschnitten durch den Lärm unserer Gedanken und Bedürfnisse.

In diesem inneren Raum der Stille erleben wir uns auf fünf verschiedene Weisen:

1 Ich bin frei von den Erwartungen und Wünschen und Meinungen der Menschen.

2 Ich bin heil und ganz. Die verletzenden Worte der Menschen treffen mich weiterhin emotional. Aber in diesen inneren Raum können sie nicht vordringen. Und auch die tiefsten Verletzungen meiner Kindheit haben diesen inneren Raum nicht angetastet oder zerstört.

3 Dort bin ich ursprünglich und authentisch. Die Bilder, die andere mir übergestülpt haben, lösen sich auf. Aber auch die Bilder der Selbstentwertung und Selbstüberschätzung lösen sich auf. Und ich komme in Berührung mit dem ursprünglichen und unverfälschten Bild, das Gott sich von mir gemacht hat. Dieses Bild kann ich nicht mehr beschreiben. Aber wenn ich mit ihm in Berührung bin, dann erlebe ich reines Sein. Ich bin einfach. Ich brauche mich nicht zu rechtfertigen oder etwas vorzuweisen. Da Gott das reine Sein ist, ist diese Erfahrung des reinen Seins immer auch eine tiefe Gotteserfahrung.

4 Dort bin ich rein und klar. Auch die Schuldgefühle haben dort keinen Zutritt. Und dieser innerste Kern ist von der Schuld nicht infiziert. Dieser reine Kern ist die Bedingung, dass ich meine eigene Identität finde. Viele, die in sich hinein horchen, fliehen vor sich selbst, weil sie das Gefühl haben, in ihrem Inneren sei nur Chaos oder Dunkelheit oder Schuld. Es ist wichtig, unterhalb des Chaos und der Schuld an diesen inneren schuldlosen Kern zu glauben.

5 Dort, wo das Geheimnis Gottes in mir wohnt, kann ich bei mir selbst daheim sein. Denn Heimat und Geheimnis gehören zusammen. Daheim sein kann man nur, wo das Geheimnis wohnt.

Wir üben dann im Recollectio-Haus drei Formen der Meditation:

Das Jesusgebet

Hier sitzen wir aufrecht da und verbinden mit dem ruhigen Atem die Worte des Jesusgebets. Beim Einatmen sagen wir: »Herr Jesus Christus«, und beim Ausatmen: »Sohn Gottes, erbarme dich meiner!« Man kann diese Worte auch abkürzen, damit sie dem eigenen Atemrhythmus besser entsprechen.

Es gibt zwei Weisen, mit dem Jesusgebet zu meditieren. Die erste Weise geht so, dass ich das Jesusgebet in meine Gedanken und Gefühle, also in meinen Ärger, in meine Angst hineinspreche. Dann wandeln sich die Gefühle allmählich. Die zweite Weise geht so, dass ich die Gedanken und Gefühle nicht beachte, sondern durch sie in den Grund der Seele und in den Raum der Stille hindurchgehe, der zugleich ein Raum der Liebe ist.

Das Bild des Meeres kann uns diese Erfahrung verdeutlichen: Die Wellen bewegen sich immer unruhig. Aber je tiefer wir in das Meer abtauchen, umso ruhiger wird es. Ebenso ist es mit uns. Der Kopf ist immer unruhig. Er denkt immer etwas. Aber wenn wir in die Tiefe unserer Seele gelangen, entdecken wir die Stille, die schon auf dem Grund unserer Seele ist. Wir sind oft genug nur abgeschnitten von diesem Raum der Stille.

Die Gebetsgebärden

Die zweite Weise der Meditation sind die Gebetsgebärden. Wir üben die verschiedenen Gebetsgebärden, um uns selbst jeweils in dieser Gebärde vor Gott und in der Beziehung zu Gott und uns selbst zu erfahren. Viele Gebetsgebärden hat die christliche Tradition mit dem Kreuz verbunden beziehungsweise durch das Kreuz ausgelegt.

So ist die Orante-Haltung mit der großen Schale nach oben ein Bild für Jesus am Kreuz. In dieser Gebärde öffnen wir den Himmel über den Menschen.

Die andere ist die Segensgebärde. Wir halten die Hände nach oben gestreckt, die Handflächen nach vorne gerichtet. In dieser Haltung können wir uns vorstellen, wie der Segen Gottes zu einzelnen Menschen strömt und sie umhüllt wie ein schützender Mantel. Und wir können uns vorstellen, wie der Segen Gottes zu denen strömt, mit denen und für die wir arbeiten. Dann wird der Segen unsere Einstellung zu den Menschen verwandeln.

Und wir kreuzen die Arme über die Brust und umarmen uns in dieser Kreuzgebärde mit allen Gegensätzen, die in uns sind. Und wir umarmen das verletzte Kind in uns und lassen uns vom verletzten Kind zum göttlichen Kind auf dem Grund unserer Seele führen.

Die *lectio divina*

Die dritte Weise der Meditation ist im Mönchtum die *lectio divina*, eine spezielle Weise, die Bibel zu lesen. Sie hat vier Schritte:

1 *Lectio:* Ich lese das Wort der Bibel, nicht um mein Wissen zu vermehren, sondern um im Wort Gottes Herz zu spüren.

2 *Meditatio:* Ich halte inne und lasse das Wort vom Kopf ins Herz strömen. Ich spüre und koste das Wort der Schrift. Ich stelle mir vor: Wenn das stimmt, wie erfahre ich mich dann selbst. Die Worte der Bibel führen zu einer neuen Art der Selbsterfahrung.

3 *Oratio:* Ich bitte Gott in einem kurzen affektiven Gebet, dass er mir die Sehnsucht erfüllt, die im Schmecken des Wortes Gottes in mir aufflammt.

4 *Contemplatio:* Ich halte inne, lasse die Worte los und versuche, den Raum der Stille in mir zu spüren, in den mich die Worte der Schrift geführt haben.

Die ersten drei Schritte kann man üben. Den vierten Schritt muss man sich schenken lassen. Ich kann nur innehalten. Aber ob ich diesen inneren Raum der Stille in mir spüre, hängt nicht allein von mir ab. Es ist immer auch ein Geschenk der Gnade.

»Wer ohne Methode kämpft, kämpft vergebens«

Wir üben im Recollectio-Haus diese drei klassischen Wege christlicher Meditation. Aber ich möchte keinem eine bestimmte Methode der Meditation überstülpen. Ich zitiere nur das Wort des Wüstenvaters Evagrius Ponticus: »Wer ohne Methode kämpft, kämpft vergebens.« Es ist demnach wichtig, dass wir uns auch in der Zeit des Recollectio-Hauses eine Methode zurechtlegen, wie wir geistlich leben wollen. Wir können mit einer der drei Meditationsarten arbeiten. Oder wir suchen uns selbst einen Weg, wie wir unsere Beziehung zu Gott und zu uns selbst ausdrücken wollen.

Eine gute Hilfe dabei sind die Rituale. Rituale schaffen eine heilige Zeit, die uns gehört, über die sonst niemand verfügen kann. Und Rituale schließen eine Tür und öffnen eine Tür. Das ist vor allem am Abend wichtig. Wir müssen die Tür der Arbeit schließen, damit die Tür des Lebens zu Hause aufgehen kann. Rituale sind der konkrete Weg, unseren Glauben im Alltag zu leben und täglich mit uns selbst und mit Gott in Berührung zu kommen. Es geht nicht darum, möglichst viele Rituale zu haben. Es geht nicht um Leistung, sondern darum, dass ich meine ganz persönlichen Rituale entwickle, dass ich Lust habe an diesen Ritualen. Ich soll mich auf sie freuen und sie sollen mir gut tun.

Pater Deocar Engelhard OSB

Wer liebt, hat Zeit für den Geliebten

»Petrus, liebst du mich?« (Johannes 21,15) – die Frage Jesu an Petrus wirkt für uns wohl ein wenig peinlich, zumindest, wenn wir selbst so gefragt würden. Unsere deutsche Sprache zeigt schon, wie hochtrabend die Formulierung ist.

Wir würden wohl eher fragen: »Magst du mich?« Diese Formulierung ist weniger anspruchsvoll und annehmbarer. Doch worum es Jesus geht, ist uns schon klar, dem Petrus natürlich auch. Umso erstaunlicher ist, dass er anscheinend ohne größeres Zögern antwortet: »Ja, ich liebe dich.« Dass Jesus damit nicht zufrieden ist, sondern weiterfragt, scheint ihm unangenehm zu sein, er kann ja nicht mehr sagen, auch nichts beweisen. Aber beim dritten Mal wird es ernst und Petrus kann nur noch antworten – es klingt fast resigniert: »Du weißt doch alles, warum fragst du mich, du weißt doch, dass ich dich liebe.«

Für mich taucht in dieser Szene immer wieder die Frage auf: Wie würde ich mich verhalten, wie würde ich antworten? Ich glaube, ich hätte nicht den Mut und auch nicht die Sicherheit, dass ich so schnell und klar wie Petrus antworten könnte. Wer liebt, muss dies auch in seinem Verhalten zeigen, wer liebt, hat Zeit für den Geliebten, möchte immer in seiner Nähe sein, möchte die Stimme hören und freut sich, wenn er ihn sieht. Trifft das für meine Beziehung zu Jesus zu, ist sie meine tiefe Sehnsucht? Ansonsten wäre ich eher vorsichtig, mit einem Ja auf Jesu Frage zu antworten. Aber davon hängt alles ab, hängt meine Verbundenheit mit Jesus ab, im letzten mein Glaube an ihn.

Insofern ist es schon erstaunlich, dass Petrus ohne langes Zögern und Überlegen sofort sagt: »Ja, ich liebe dich.« Dies spricht für eine sehr intensive Beziehung, die keine großen Zweifel zulässt und die innere Beziehung klar formuliert. Ich wünsche mir und uns allen, dass die Beziehung zu Jesus immer intensiver werde, damit wir, wie Petrus, ohne langes Zögern bejahen können, dass wir ihn lieben und uns unserer Beziehung zu ihm sicher sind.

Wunibald Müller

Krisen bleiben einem nicht erspart

Die Krisen, in die kirchliche Mitarbeiter, darunter auch Priester, geraten haben verschiedene Gründe. Einer hat mit der Kirche selbst, den Veränderungen, denen sie unterliegt, und den Herausforderungen, die sich daraus für jene ergeben, die in einer besonderen Verantwortung in der Kirche stehen, zu tun.

Professor Karl-Josef Kuschel hat sich wie kaum ein anderer mit der Spiritualität und Theologie auseinandergesetzt, die sich direkt oder verborgen in den Werken großer deutscher Schriftsteller von Rainer Maria Rilke über Thomas Mann bis hin zu Heinrich Böll und Günther Grass – um nur einige zu nennen – zeigt. In einer Predigt, die er anlässlich des goldenen beziehungsweise silbernen Priesterjubiläums von Dr. Karl-Josef Ludwig und Dr. Joachim Springer hielt, greift er auch den Wandel auf, den die Kirche in den vergangenen fünfzig Jahren erfahren hat.

Er macht dabei deutlich, wie viel an Verwandlungskraft, ja an Resilienz es bedarf, um angesichts dieses Wandels nicht zu resignieren, sondern sich treu zu bleiben. »Momente des Glücks und des Zweifels mischen sich, ob so oder so, die Anfechtungen des Lebens an diese Lebensentscheidung sind gleicher Natur. Krisen bleiben einem nicht erspart, gerade auch wenn die Freude am Beruf überwiegt. Wie auch anders?«

Ich bin Karl-Josef Kuschel dankbar, dass er sofort damit einverstanden war, dass diese Predigt – von ihm leicht gekürzt – in dieses Buch aufgenommen werden kann. Wir haben uns bei unserer Arbeit im Recollectio-Haus immer auch von Erfahrungen, die uns von außerhalb herangetragen wurden, bereichern lassen. Denn wir wollen den Männern und Frauen, die im Recollectio-Haus spirituell und psychotherapeutisch begleitet werden, nicht nur helfen, sich mit ihrer inneren Person auseinanderzusetzen. Wir wollen sie auch auf die Wirklichkeit – und auch die kirchliche Wirklichkeit – vorbereiten, mit der sie sich auseinandersetzen müssen.

Prof. Dr. Karl-Josef Kuschel

Von Krise und Treue

Welch ein Szene im Evangelium des Markus (vgl. Markus 10,35–40): Schon eine ganze Zeit sind sie mit ihrem Meister durch die Lande gezogen und haben die Botschaft vom Reich Gottes gehört. Das *Reich* Gottes. Er wird kommen, es steht bevor und ihr Meister wird darin unbeschränkt herrschen. Phantasien tritt das los, Projektionen, Wünsche. Man möchte gerne mehr wissen. Kann man nicht in dem künftigen Reich an der Herrschaft des Meisters partizipieren? Da sind doch Posten zu vergeben, Ämter, Anteile an Macht und Herrschaft.

Zwei der Jünger halten es nicht mehr aus. Sie wollen es genau wissen. Sie haben eine »Bitte«: »Lass uns in deinem Reich zu deiner Rechten und zu deiner Linken sitzen!« Auf dem Thron der Herrschaft also!

Um andere geht es

Doch Jesus wehrt ab. Und die Auskunft ist kühl: »Den Platz zu meiner Rechten und Linken? Den habe nicht ich zu vergeben«, sagt er, »dort werden die sitzen, für die diese Plätze bestimmt sind.« Im Klartext: Ihr Jünger nicht! Um andere geht es. Herrschaft, Macht über Menschen? Das ist nicht die Bestimmung von Anhängern Jesu! Ganz grundsätzlich und schonungslos realistisch wird Jesus an dieser Stelle: »Ihr wisst«, lässt er sie wissen, »ihr wisst, dass die, die als Herrscher gelten, ihre Völker unterdrücken und die Mächtigen ihre Macht über die Menschen missbrauchen. Bei Euch aber soll es nicht so sein.« Vielmehr: »Wer bei Euch groß sein will, der soll euer Diener sein, und wer bei Euch der Erste sein will, soll der Sklave aller sein.« Warum? Zur Begründung verweist Jesus auf sich selbst: »Auch der Menschensohn ist nicht gekommen, um sich dienen zu lassen, sondern um zu dienen und sein Leben hinzugeben als Lösegeld für viele« (Markus 10,42–45). [...]

Fünfzig Jahre sind seit dem Tag vergangen, als Karl-Josef Ludwig die Priesterweihe empfing. Wahrhaft eine Gelegenheit, Rückschau zu halten auf ein gelebtes Leben. [...] Fünfzig Jahre Priester in dieser Zeit, in unserer Kirche. Grund genug, vor Gott zu treten und in einem Gottesdienst am Ort seiner Herkunft über den eigenen Weg nachzudenken, zusammen mit einem Mitbruder, Dr. Joachim Springer, der die Weihe vor fünfundzwanzig Jahren empfing. Doch ob fünfzig oder fünfundzwanzig Jahre Priestersein: die Herausforderungen an diesen Beruf sind ähnliche. Momente des Glücks und des Zweifels mischen sich, ob so oder so, die Anfechtungen des Lebens an diese Lebensentscheidung sind gleicher Natur. Krisen bleiben einem nicht erspart, gerade auch wenn die Freude am Beruf überwiegt. Wie auch anders?

Gebildete ja, aber keine eingebildeten Priester

Wer Mitte der 1960er-Jahre in den kirchlichen Dienst trat, kam mitten hinein in eine Umbruch- und Aufbruchzeit der katholischen Kirche. Die Fundamente eines traditionellen Katholizismus sind durch zwei Weltkriege erschüttert und müssen theologisch neu vermessen werden. Nicht die Restaurierung des Überkommenen verlangt die Zeit, sondern neue Antworten. Die konfessionellen Milieus haben sich zwanzig Jahre nach dem Krieg verändert. Der Wandel des geistigen Klimas fordert ein Heutigwerden auch in Fragen des Glaubens, ein *Aggiornamento*, wie das Zauberwort des Konzilspapstes Johannes XXIII. damals hieß.

Und wer wie Joachim Springer vor fünfundzwanzig Jahren, 1990, zum Priester geweiht wurde, wurde weniger von einer innerkirchlichen als einer gesamtgesellschaftlichen Umbruchzeit erfasst. Krisenzeiten allemal. Die unangefochtenen Glanzzeiten für den Priesterstand? Wenn es sie je gab, sie sind vorbei, ob so oder so. Die Gemeinden erwarteten keine »Pfarrherren« mehr, sondern Menschensorger. Gebildete ja, aber keine eingebildeten Priester. Keinen Hierarchie-Dünkel, sondern Teamfähigkeit. Keine dogmatische Polarisierung, sondern pastorale Kompetenz. Keine Amtskälte, verschanzt hinter dem Kirchenrecht, sondern Empathiefähigkeit mit den Freuden, den Nöten und den Hoffnungen der Menschen, wie das Konzil es formuliert hatte. Keine Vertiefung konfessionalistischer Spaltungen, sondern ökumenische Initiativen zusammen mit den evangelischen Mitchristen.

Ein ungeheurer Wandel des Priesterbildes in den letzten fünfzig Jahren. Die Theologie hat darauf reagieren müssen und das Priestersein immer stärker aus den biblischen Quellen neu begründet. Woher sonst? Die Schrift bleibt unser normativer Bezugspunkt. Person und Sache Jesu: daran gilt es immer wieder neu selbstkritisch Maß zu nehmen. Selbstaufklärung ist verlangt. Wer diese vollzog, dem wurde immer klarer: Beim priesterlichen Dienst geht es nicht mehr um den Eintritt in einen privilegierten Stand, sondern exemplarisch um die Nachfolge Jesu, die immer auch die Nachfolge des Gekreuzigten ist. Nicht zufällig hatte Jesus die auf Machtanteile versessenen Jünger in der geschilderten Eingangsszene gefragt: »Wisst ihr wirklich, um was ihr bittet«, wenn ihr an meine Seite wollt? Rechts und Links? »Könnt ihr den Kelch trinken, den ich trinke?« Und es ist ein bitterer Kelch geworden, wie wir wissen, der auch die Zweifel, die Schmerzen und den Schandtod umfasste.

Der Wandel des Priesterbildes ist der jesuanischen Kehre von oben nach unten geschuldet

Der Wandel des Priesterbildes ist also nicht dem Zeitgeist, sondern der jesuanischen Kehre von oben nach unten geschuldet. Man hatte sich neu auf das Wort Jesu besonnen: Da draußen, bei den Völkern, da unterdrücken Herrscher die Menschen nach Lust und Laune, Mächtige missbrauchen ihre Macht über die Menschen. Bei euch aber, in der Gemeinschaft derer, die Jesus nachfolgen, da gilt ein anderes Gesetz. Sollte gelten. Nicht das von Macht und Ohnmacht, nicht das von Herrschen und Beherrschen.

Warum nicht? Weil es im Geist des Menschensohns ein anderes Kriterium für Größe und Vorrang gibt: Der ist groß, welcher der Diener aller ist, und der der Erste, welcher der Sklave aller ist. Das ist die Konsequenz aus der jesuanischen Kehre von oben nach unten, die man eine Bewegungsumkehr der Liebe genannt hat. Ihre Stichworte lauten: Dienst und Hingabe. Nicht aus Schwäche, sondern aus innerer Stärke, nicht aus falscher Bescheidenheit, sondern aus Freude an den Menschen, die dieses Dienstes bedürfen. Nicht aus Selbstverleugnung, sondern aus Gottesleidenschaft. Man gibt Zeugnis von der »Güte und Menschenfreundlichkeit unseres Gottes«, wie es im Titusbrief (3,4) heißt.

Mut und Mäßigung, geprüfte Treue, Gott-Vertrauen sind verlangt

Nein, ein Beruf für Selbstzufriedene ist der Priesterberuf nicht, für Sehnsüchtige nach Bequemlichkeit und Komfort schon gar nicht. Es ist ein Beruf, der wie kaum ein anderer mit Selbstzweifeln und Anfechtungen leben muss. Machtmissbrauch gibt es, Gott sei es geklagt, auch in der Kirche. Amtsmissbrauch bei anvertrauten Menschen oder anvertrauten Gütern. Mut und Mäßigung sind verlangt. Geprüfte Treue. Gott-Vertrauen. Es gilt mit dem ernstzumachen, was Glauben für jeden Christen verlangt: die Bereitschaft zum Risiko. Denn das Vertrauen gilt einem Gott, welcher der Unverfügbare *bleibt* ...

Kraft und Ohnmacht, Krise und Treue: Darum dürfte es im Kern gehen, wenn beide, Karl-Josef Ludwig und Joachim Springer, auf ihr Leben als Priester zurückblicken. Ungezählte Menschen in unseren Gemeinden brauchen solche Priester, will sagen: Menschen, die sich für andere Menschen einsetzen ohne Berechnung, die mitfühlen können, beistehen, wenn es darauf ankommt, das richtige Wort zur richtigen Zeit finden. In einer gerade dem Priesterberuf eigentümlichen Mischung aus Empathie und Spiritualität, aus Arbeit und Gebet, aus Einsatz und Einkehr.

Unsere bundesdeutsche Nachkriegs-Gesellschaft hat solche Menschen dringender denn je nötig. Denn der Zeitgeist bläst uns etwas anderes ins Ohr: Effizienzsteigerung bei Leistungen, immer mehr, besser, schneller. Du bist nur etwas wert, wenn du etwas leistest, Erfolg hast. Ökonomisierung aller Lebensbereiche: Alles hat seinen Preis und was nichts kostet, ist nichts. Freiwilliger Dienst an Bedürftigen? An Kranken, alten Menschen, Pflegebedürftigen? Wieso ich? Wer bezahlt mir das?

Gewiss, wir haben uns gegen alle möglichen Risiken versichert. Und das ist gut so. Wo aber Selbstlosigkeit und Fürsorgebereitschaft verloren gegangen sind, ist die Menschlichkeit abgestorben. Nachfolge Jesu verlangt etwas anderes. Die Nachfolge eines Mann, von dem das große Szenario stammt, das er für seine Wiederkunft entworfen hat: Wenn der Menschensohn zum Weltgericht zurückkommt und die Menschen versammelt: Was wird er sie fragen? Nach welchem Maßstab wird er sie beurteilen? Warst du in der richtigen Religion, der richtigen Kirche, hast du das richtige Glaubensbekenntnis gelernt?

Er wird nur den einen Maßstab anlegen: Was ihr dem Geringstem meiner Brüder und Schwestern getan habt, das habt ihr mir getan. Das ist das Gegenbild in einer Gesellschaft unter dem Machtdiktat der Ökonomisierung und Effizienzoptimierung.

Diesem Maßstab gilt es die Treue zu halten. Er macht resistenter gegen die Anfechtungen aus Kirche und Gesellschaft. Fünfzig Jahre lang hat Karl-Josef Ludwig und fünfundzwanzig Jahre hat Joachim Springer diese Resistenz bewiesen. Ungezählte Menschen, mit denen sie verbunden sind, ob in den Gemeinden oder im Theologisch-Pastoralen Institut, sind ihnen dankbar dafür. Da bin ich ganz sicher. Dankbar für ihre Treue in und trotz allen Krisen. Dankbar für einen Lebensentwurf in der Nachfolge Jesu. Dankbar für die immer wieder neue Feier einer Liturgie, die etwas ausstrahlt von der Freude des Evangeliums und der Hoffnung über den Tag hinaus, die uns Christenmenschen tragen soll.

Pater Deocar Engelhard OSB

Wir dürfen sicher sein, dass er hinter uns steht

»Seht, ich sende euch wie Schafe unter die Wölfe.« Das entscheidende Wort dieses Abschnitts (Matthäus 10,16ff) steht gleich am Anfang: »Ich sende ...« Wir sind, wie auch die Jünger, Gesendete beziehungsweise Gesandte. Dieser Begriff kommt in unserer Sprache sowohl im kirchlichen wie im staatlichen Bereich vor. Während das Wort »Apostel« nur noch im Zusammenhang mit Jüngern Jesu vorkommt, kennen wir den Begriff »Gesandter« auch im Alltag. Ein Gesandter ist jemand, der von einem Höheren ausgewählt wird, um ihn zu vertreten, er steht also an Stelle dessen, der sendet. Was er tut, wie er handelt, ist Stellvertretung. Er wird geehrt wie der, der sendet, erhält dessen Ehrungen und dessen Aufgabe. Beispielsweise kann ein Gesandter des Königs oder eines kirchlichen Würdenträgers frei und souverän handeln, weil er sich im Auftrag weiß, weil er sich sicher sein kann, dass sein Herr hinter allem steht, was er tut, dass er sich auf ihn verlassen kann und ihn deshalb auch unterstützt. Es besteht ein großes Vertrauen zwischen Sender und Gesendeten.

Ein beeindruckendes Beispiel dessen, was gemeint ist, finde ich im Alten Testament in der Abrahamsgeschichte: Abraham möchte, dass sein Sohn eine Frau aus seinem Stamm bekommt. Er selbst kann aber nicht auf die Suche gehen. So schickt er seinen Knecht (Sklaven), damit er dies tue. Dieser weiß um das Vertrauen, das ihm geschenkt wird, hat auch die absolute Sicherheit, dass seine Auswahl akzeptiert wird, dass er souverän, stellvertretend für seinen Herrn die Frau für Isaak suchen darf. Wir können uns so eine Vorgehensweise im Zusammenhang mit der Brautsuche nicht mehr vorstellen, aber es macht deutlich, was Gesendetsein meint.

In diesem Sinne schickt Jesus seine Jünger los, macht ihnen deutlich, dass er hinter ihrem Handeln steht und es bejaht. In diesem Sinne gilt auch unser Gesendetsein. Wir dürfen sicher sein, dass er zu uns steht, wenn wir in seinem Namen gehen und verkündigen, in seinem Namen handeln.

Ich denke, das gibt uns Sicherheit, Vertrauen zu ihm und Gelassenheit für jeden neuen Schritt, den wir tun. »Seht, ich sende euch«, sagt er auch mir, sagt er auch jedem und jeder von uns.

Wunibald Müller

Taten der Liebe, die völlig zweckfrei sind

Viele der Männer und Frauen, die ins Recollectio-Haus kommen, kommen auch deshalb, weil sie irgendwie müde geworden sind, weil die Lust am Dienst und die Freude in ihrem Beruf sie verlassen hat. Ihr Enthusiasmus, mit dem sie ihre Berufung einst lebten, hat sich in Routine, manchmal auch Apathie verwandelt. Ihre einst innige und intensive Beziehung zu Gott ist lau und oberflächlich geworden. Das Feuer, das sie einst kannten, das sie antrieb, die Botschaft des Evangeliums zu verkünden und zu leben, scheint erloschen zu sein.

Manchmal muss man in die Asche blasen, um ein längst erloschen geglaubtes Feuer neu zu entfachen, wieder zum Lodern, zum Leuchten und Wärmen zu bringen.

Im Recollectio-Haus sollen unsere Gäste Gelegenheit haben, ihr inneres Feuer neu zu entflammen. Sie haben hier Gelegenheit, sich auf ihre Ressourcen zu besinnen, ihre Resilienz in Gang zu setzen, neue Energie zu tanken, um wieder Freude und Lust am Leben, an ihrer Arbeit haben, in ihrer Beziehung zu Gott zu erfahren. Sie lernen hier auch, dass wir nur dann für andere auf Dauer brennen können, wenn wir verantwortlich mit unseren eigenen Kräften umgehen und im Blick haben, dass die Energie, die wir für andere aufbringen, nicht unerschöpflich ist.

Viele gehen gestärkt von hier weg, um als Ordensmensch, als kirchlicher Mitarbeiter und kirchliche Mitarbeiterin gerne wieder Feuer für andere zu sein, ihre Liebe für sie, für Gott, aber auch für sich selbst zu verströmen. Dabei kann auch eine Frau wie Madeleine Delbrêl für sie zum Vorbild werden: nicht als Kettenraucherin, die sie war, aber bezogen auf ihre Einstellung zu den Menschen, für die sie ein Feuer sein wollte, das sich in kleinen Funken versprüht und alles anzündet, was ihm unterwegs an Brennbarem begegnet.

Wunibald Müller

Feuer sein

Die Mystikerin Madeleine Delbrêl schreibt von sich, dass sie ein Feuer sein möchte, das von Christus auf die Erde geworfen wird; aber keines, dass sozusagen hinter verschlossenen Türen gehütet wird, sondern ein Feuer, das sich in kleinen Funken versprüht und alles anzündet, was ihm unterwegs an Brennbarem begegnet. Diese »Funken, die die Halme entzünden, sind für niemanden Bestimmten geschickt. Sie sind die kleinen Flammen dieses brennenden Dornbusches, der Jesus ist; und sie wählen die Leute nicht aus, denen sie begegnen, sondern können gar nicht anders, als immer zu lieben, weil sie Jesus selbst sind. Die kleinen Taten der Liebe, die von ihnen verlangt werden, sind völlig zweckfrei« (Annette Schleinzer, *Die Liebe ist unsere einzige Aufgabe. Das Lebenszeugnis von Madeleine Delbrêl*, Ostfildern 2014, 97).

Diese Liebe ist für Madeleine zeitlebens die Basis jeder Verkündigung – vorrangig vor jedem Konzept und jeder pastoralen Strategie. So wie Jesus einzelne Menschen voll Liebe angeschaut hat und ihnen gab, was sie brauchten, so besteht für sie die Missionierung in aller erster Linie in einer Begegnung von Mensch zu Mensch, in einer Sprache des Herzens und der Güte, in der jeder Mensch in seinem Eigenwert angetroffen und nicht von seiner Leistungen und von seiner gesellschaftlichen Rolle her beurteilt wird.

Feuer sein, das nicht hinter verschlossenen Türen gehütet wird

Wollen wir Feuer sein, das nicht hinter verschlossenen Türen gehütet wird, müssen wir einfach auf die Menschen zugehen, unabhängig davon, welcher Religion oder Konfession sie angehören. Dafür aber gibt es jeden Tag unzählige Situationen. Ich treffe bei einem Spaziergang an meinem freien Wochenende, das ich mir im Thüringer Wald gönne, wieder einmal auf den gehbehinderten alten Mann, der eine kleine Landwirtschaft unterhält. Bisher bin ich immer an ihm vorbeigegangen, habe ihn aus der Entfernung heraus beobachtet, wie er sich abmüht, den kleinen Hügel von seinem Haus hin zum Stall und zur Scheune zu meistern. Heute spreche ich ihn an, frage ihn, wie lange es noch dauert, bis der Frühling kommt. Er geht auf meine Frage ein, um mir dann vom Tod seiner Frau zu erzählen, die vor drei Jahren an einer Lungenentzündung starb. Zuvor hatte sie einen Schlaganfall, während sie hier im Stall arbeitete. Er fand sie auf dem Stroh liegend und alarmierte sofort den Rettungsdienst. Während er sich an die Ereignisse von damals erinnert, ist er den Tränen nahe. Ich stehe da, höre ihm zu, bin für ihn da.

Wir hätten genug zu tun

Wie selbstverständlich könnten wir doch als Christen das leben und umsetzen, um was es uns im Tiefsten geht oder gehen sollte: Feuer der Liebe zu sein, das sich in kleinen Funken versprüht und alles anzündet, was ihm unterwegs an Brauchbarem begegnet. Wir werden nicht müde zu bedauern, dass sich unsere Kirchen leeren, die Menschen anscheinend an Gott kein Interesse mehr haben, unsere kirchlichen Angebote immer weniger gefragt sind. Dabei hätten wir wahrlich sehr viel zu tun, würden wir dieses Feuer nicht länger allzu ängstlich hinter verschlossenen Türen hüten oder uns gut überlegen, wem wir diese Funken der Liebe zugutekommen lassen. Gelten sie doch allen, denen wir begegnen.

Denn die Flammen des brennenden Dornbusches sind nicht für jemanden Bestimmtes geschickt, sie wählen die Leute nicht aus, sondern sie können gar nicht anders, als immer zu lieben, weil sie Jesus selbst sind. Würden wir das beherzigen, hätten wir mehr als genug zu tun. Beherzigen wir es, müssen wir nicht auf die Angebote und die Ziele verzichten, die wir als Kirche und in der Seelsorge verfolgen. Wir würden ihnen dann aber nicht so viel Gewicht und Bedeutung beimessen, da wir doch wissen, dass es die kleinen Taten der Liebe sind, die wirklich zählen, um uns dann – hoffentlich – auch entsprechend zu verhalten.

Zweckfrei etwas von unserem Feuer verschenken

Wollen wir als Ordensleute, als kirchliche Mitarbeiter und Mitarbeiterinnen wirklich das Liebeswerk Gottes verwirklichen, bleibt uns genug »Arbeit«. Um das zu erkennen und dann auch tun zu können, muss dem vermutlich ein Arbeiten an uns selbst vorausgehen. Wir müssen unsere Vorstellung von Seelsorge erweitern, müssen hinter den Mauern, hinter denen wir unser Feuer hüten, hervortreten: den kirchlichen und konfessionellen Mauern, die den Wirkungsbereich unseres Tuns oft sehr klein halten. Wir müssen aber auch die persönlichen Mauern hinter uns lassen, die uns daran hindern, auf andere zuzugehen, um zweckfrei allen, die uns begegnen, etwas von unserem Feuer und unsere Liebe zu schenken.

Wie weit wir doch davon entfernt sind. Wir können uns lange mit dem aufhalten, was uns als Konfessionen voneinander trennt, dass Grenzlinien beachtet werden, die wir, nicht Gott, gezogen haben. Wir konzentrieren uns darauf, unser Klientel, das immer weniger wird, zu betreuen, statt zweckfrei, ohne Hintergedanken, die kleinen Taten der Liebe zu tun, die von uns als Flammen der Liebe des brennenden Dornbusches, der Jesus ist, verlangt werden. »Sie wollen nicht aufbauen, nicht bekehren, nicht heilen – sie wollen Jesus Christus sein ... vom Öl des Barmherzigen Samariters bis zum Essig des Kalvarienbergs« (Madeleine Delbrêl, zitiert in: Schleinzer, 97).

»Nicht nur die Missionare, die sich in ferne Länder aufmachen, besteigen beim Aufbruch ein Schiff«, schreibt Madeleine Delbrêl, sondern jeder Christ und jede Christin befindet sich »an Bord des größten Schiffes der Welt: der Kirche« und steuert zu »den Ländern ohne Gott«. Diese Länder lassen sich nicht in den üblichen Landkarten finden – es bedarf vielmehr neuer »Landkarten der Dichte«, in denen Gott als genauso abwesend eingezeichnet ist wie in den traditionell »heidnischen« Ländern: Der Bürgersteig, die Bushaltestelle, die Metro, das Wohnviertel, der Arbeitsplatz werden dann zu diesen »Ländern«.

»Seht, wie sie einander lieben«

»Seht, wie sie einander lieben« lässt Tertullian die heidnische Welt voller Hochachtung von den Christen künden. O Gott, wie weit sind wir davon doch entfernt. Und doch, auch wenn man mich deswegen einen unverbesserlichen Romantiker heißen mag, darum geht es uns: Das österliche Lied, das von Gott kommt, der die Liebe ist, in und durch die Kirche, die Seelsorge, zum Klingen zu bringen. Die Kirche und die Seelsorge beschränken sich nicht auf unsere Pfarrgemeinde, sie beschränken sich nicht auf die Kirche, der wir angehören.

In unseren Gottesdiensten, wenn wir miteinander beten, gelingt es uns manchmal eine Atmosphäre zu schaffen, eine Sprache an den Tag zu legen, einen Umgang miteinander zu pflegen, der etwas von dieser Liebe widerspiegelt. Es sei denn, dass zwar von den Brüdern und Schwestern die Rede ist, man sich persönlich mit »Ihr« oder »Du« anspricht, das österliche Lied, das von Gott kommt, der die Liebe ist, an oberflächlichen Begegnungen aber abprallt. Doch es gibt die Gottesdienste, in denen das österliche Lied voll zum Klingen kommt. Auch, weil dann wirklich Brüder und Schwestern beisammen sind, die sich wirklich als Brüder und Schwestern verstehen und das dann auch nach dem Gottesdienst nicht in Abrede stellen oder vergessen.

Allein das ist die große Krux, dass im Alltag, im außerliturgischen Umgang miteinander, dieses Feuer der Liebe oft auf Sparflamme brennt, innerhalb und außerhalb der Gemeinschaft der Christen. Der Bürgersteig, die Bushaltestelle, die Metro, das Wohnviertel, der Arbeitsplatz werden dann nicht im Sinne von Madeleine zu Plätzen der Seelsorge, die sich vor allem darin zeigt, zweckfrei alle zu lieben, denen wir begegnen. Würden wir uns so verhalten, wären wir wieder näher bei unseren Anfängen, bei dem, um was es wirklich geht. Unsere Kirchen und unsere Seelsorge würden wieder mehr ein Widerschein des Evangeliums sein, in denen die Melodie zum Klingen kommt, die allein von Gott kommen kann.

Was würde das für eine Freude machen, in einer solchen Gemeinschaft zu leben, zu arbeiten, zu lieben. Einer Kirche, in der das österliche Lied zum Klingen kommt! Nach einer solchen Kirche sehne ich mich und, Gott sei Dank, gibt es ja auch diese Kirche. Ich denke an die Männer und Frauen, die sich selbstlos einsetzen für andere, die ihre Stimme für die Entrechteten erheben, die ihr echtes Interesse, ihre Sorge und Zuneigung in der Begegnung mit körperlich und seelisch kranken Menschen zum Ausdruck bringen. Aber ich wünschte mir, es gäbe mehr davon. Wir würden mehr davon spüren. Auch, weil wir eine solche Kirche, in der das österliche Lied zum Klingen kommt, so dringend brauchen.

Hören wir noch einmal auf das, was Madeleine Delbrêl sagt: «Jeder Christ und jede Christin bilden von daher »inmitten der Welt eine Übergangsstelle der Gnade«. »Lernen wir, dass es nur eine einzige Form der Liebe gibt: wer Gott umarmt, findet in seinen Armen die Welt; wer in seinem Herzen das Gewicht Gottes aufnimmt, empfängt auch das Gewicht der Welt.« (Schleinzer, 175)

Pierre Stutz

Zu Grunde gehen

Du Gott bist der Grund meiner Hoffnung
Du lebst als tiefes Geheimnis in mir
Kommen auch Tage des Zweifels
Der Ungewissheit
Wo vieles wie eine große Lebenslüge erscheint
So versuche ich vertrauensvoll zu Grunde zu gehen
Weil Du mich durch diese Verunsicherung
Zur Quelle des Lebens führen wirst
Damit in mir auch Schwäche und Ohnmacht leben darf
So wird mir nichts mehr fehlen
Und ich finde Geborgenheit in Dir

Wunibald Müller

Aufgerichtet und aufrecht

Manche unserer Gäste kommen so beladen mit negativen Erfahrungen aus der Vergangenheit, aber auch aus der Gegenwart in das Recollectio-Haus, dass sie im wahrsten Sinne des Wortes körperlich und seelische gekrümmt sind. Es gehört dann zu den schönen Erfahrungen unserer Arbeit im Recollectio-Haus miterleben zu dürfen, wie unsere Gäste während ihres Aufenthaltes immer mehr sich strecken, wachsen, sich aufrichten, um schließlich aufgerichtet und aufrecht gehend am Ende ihres Aufenthaltes das Recollectio-Haus zu verlassen.

Wie viel in der Zeit des Aufenthaltes im Recollectio-Haus passiert ist, wird in besonderer Weise am Abschlussabend deutlich, der von unseren Gästen gestaltet wird. Es ist für uns als Begleiter und Begleiterinnen eine Freude mitzuerleben, wie viel an Lebendigkeit, Ursprünglichkeit, an bisher unterdrückten Begabungen und Fertigkeiten jetzt einfach leben darf und sichtbar wird. Da getraut sich eine Ordensfrau zum ersten Mal vor anderen Gitarre zu spielen und dabei ihr Lieblingslied zu singe. Ein Pastoralreferent, der sich vorher immer zurückhielt, führt einen Sketch auf. Ein Priester, der bisher von sich glaubte, ein Versager zu sein, offenbart durch die Gedichte, die er vorträgt, seine dichterische Begabung, einen Schatz, der allzu lange von ihm im verborgen gehalten wurde, jetzt aber sichtbar wird.

Der folgende Text stammt von Ilga Ahrens, die im September 2015 an der Qualifizierten Auszeit im Recollectio-Haus teilnahm und ihren Text am Beginn des Abschlussgottesdienstes von einer anderen Kursteilnehmerin vorlesen ließ. Die Bereitschaft und Offenheit, andere so tief in sich hineinschauen zu lassen, so transparent sich und anderen gegenüber zu sein, ist auch eine Ergebnis ihres Aufenthaltes im Recollectio-Haus gewesen. Ihr Text steht für die vielen wichtigen Erfahrungen, die die unzähligen Männer und Frauen, die inzwischen das Recollectio-Haus besucht haben, hier machen durften.

Ilga Ahrens

Klagepsalm

Gott, aus der Tiefe meines Erinnerns steigt Klage auf!

Ich habe dich gespürt, als ich ein Kind war,
– aber ich habe mich nicht spüren dürfen,
mir nicht glauben, mich nicht lieben, denn

Als ich fromm war,
wurde ich gelobt und brav genannt
– und belächelt.
Als ich wütend war,
musste ich aus den Augen in die Abgeschlossenheit
meines Zimmers.
Als ich böse war,
musste ich meine Schuld in das Dunkel des trauernden Gottes-
gerichts tragen.
Als ich einen Fehler machte,
wurde ich beschämt bis zum Sturz ins Bodenlose.
Als ich mich einbringen wollte,
wurde ich beiseite gestellt und »zu klein« genannt.
Als ich Trost suchte, mich bergen und anlehnen wollte,
wurde ich allein gestellt und »zu groß« genannt.
Als ich weinte,
musste ich die Tränen in ein »Ist doch gar nicht schlimm«
versickern lassen.

Als meine Seele schmerzte,
musste ich lernen, sie durch die kalte Macht des Intellekts
zu beherrschen.
Als ich etwas wollte,
wurde ich in die Anspruchslosigkeit gedemütigt.
Als mich Fülle selig machte,
wurde ich zum Teilen und Verzichten enteignet.
Als ich mutig war,
wurde mir das Virus der Ängstlichkeit injiziert.
Als ich vertraute,
wurde ich in die Umklammerung selbstsüchtiger Macht
gepresst.
Als ich Träume hatte,
wurden sie in das Verlies der Vernunft gesperrt.
Als ich leidenschaftlich war,
wurde ich mit dem Lasso der moralischen Ordnung gefangen.

Gott, was kann ich vor dich bringen
als den stummen Schrei nach Leben?
Nach Mut, mein lebenswertes Leben zu lieben und zu leben,
es nicht zu verstecken und zu verschütten,
sondern zu hüten, zu gestalten und zu feiern!
Denn du, Höchster, nennst mich gut
und verschaffst mir Recht.

Deshalb darf ich, will ich
stückweise glauben und erkennen,
mich spüren und ausdrücken,
mich freuen und genießen,
mutig sein und vertrauen,
mich schützen und wehren,

Ärger zeigen und klagen,
empört sein und zornig,
Trost suchen und Hilfe,
träumen und wollen,
wagen und Fehler machen,
scheitern und neu beginnen.

Du, mein Schöpfer, Vater-Mutter-Gott,
  siehst mich an und sagst mir zu:
»Du bist kostbar, ich habe dich je und je geliebt,
  ich habe dich zur Freiheit befreit und habe meine Lust an dir!«
Lass es mich hören, Gott, lass es mich spüren,
  wie du mich aus der Tiefe holst, damit ich lebe;
Lass es mich glauben mit Leib und Seele,
  dass du dich freust an meiner Lebendigkeit.

So will ich dich preisen durch mein »ganzes Leben«!

Wunibald Müller

Auf Wiedersehen

Wir sind am Ende unsrer Tour durch das Recollectio-Haus angekommen. Ich hoffe, es ist uns gelungen, durch die Predigten, die Impulse und die Erfahrungen, die wir mitgeteilt haben, etwas vom Geist unseres Hauses zu vermitteln. Natürlich gäbe es noch vieles zu erzählen und jeder und jede, die das Privileg hatten, sich hier für eine längere Zeit aufzuhalten, könnten vieles von dem, was angesprochen worden ist, ergänzen und auf der Folie ihrer persönlichen Erfahrungen vertiefen.

Doch irgendwann ist Schluss, geht etwas zu Ende. Das gilt auch für die Männer und Frauen, die über viele Wochen eine intensive Zeit miteinander verbracht haben, an die sich die meisten gerne erinnern. Für nicht wenige von ihnen gehören die Wochen im Recollectio-Haus zu den Wochen in ihrem Leben, in denen sie auf eine Weise Gemeinschaft erfahren durften, wie sie es bisher noch nicht erlebt haben.

Der abschließende Beitrag von Dr. Ruthard Ott stammt aus seiner Rede, die er anlässlich der Verabschiedung eines Kurses hielt. Dr. Ruthard Ott wird im Mai 2016 die Leitung des Recollectio-Hauses übernehmen. Meine Frau Ilse Müller und ich dürfen uns dann nach 25 Jahren in den Ruhestand verabschieden.

Ich habe gerne im Recollectio-Haus gearbeitet, gebe jetzt aber auch gerne die Verantwortung für die Leitung in andere Hände. Ruthard Ott, der immer schon wichtige, neue Impulse eingebracht und damit unsere Arbeit bereichert hat und mit viel Schwung an seine neue Aufgabe geht, wünsche ich viel Freude, Geduld, Unterstützung und Erfüllung bei der Verwirklichung dieser Aufgabe. Ich habe den Eindruck, dass neue Herausforderungen auf uns zukommen und es viel Energie, Kreativität, Flexibilität und vor allem auch einen Schuss Gottvertrauen braucht, um ihnen angemessen begegnen zu können. Das aber traue ich ihm und dem Team des Recollectio-Hauses zu.

Ruthard Ott

Es war einmal – es ist heute

Es war einmal zu einer Zeit, als das Sollen und Müssen und die Pflicht und die Aufgaben das Leben bestimmten. Überall in Stadt und Land wurden tüchtige Leute gebraucht, die sich vorbildlich und selbstlos zur Verfügung stellten. Gefragt waren Kopf und Hand, das Herz und das Spüren ward von vielen vergessen. Und so wundert es nicht, wenn es manchem schwer wurde ums Herz. Wieder andere verhielten sich so, dass man ihnen gegenüber immer weniger Geduld aufbrachte. Sie wurden fortgeschickt in ein fernes Land. Dort sollten sie sich besinnen und sammeln, um sich danach wieder einzureihen in die älter und kleiner werdende Schar.

Freiwillig und unfreiwillig machten sich die auserwählten Frauen und Männer, achtzehn an der Zahl, auf die Suche nach dem Ort der Verwandlung. Sie wussten nichts voneinander und waren einander vorher noch nie begegnet. Nur ihre Fragen, ihre große Sehnsucht und grenzenlose Hoffnung und die gemeinsame Suche nach Antworten verband sie mit einem starken, unsichtbaren Band. Sie fanden einander und fanden zueinander auf einer Insel, wie es nicht viele gibt. Manche von ihnen ahnten nichts Gutes und fragten sich anfangs, wo sie da wohl gelandet seien. Andere sprachen zunächst wenig, fühlten sie sich doch auf die Insel verschlagen. Wieder andere hatten sich gerade noch ans Land gerettet, verwundet und angeschlagen von den inneren und äußeren Stürmen, die ihr Leben bedrängten. Sie mussten erfahren: Wenn der Wind über lange Zeit kalt und rau ins Gesicht bläst, ist es schwer, voranzukommen. Ständiger Gegenwind wirft einen leicht zurück. Aber auch das grelle Licht der Sonne und der Glanz ihres Amtes hatte einzelne so sehr geblendet, dass sie weder sich selbst klar erkennen und sehen konnten, geschweige denn die anderen. Blendendes Licht und verblendender Glanz stellen vieles in den Schatten. Hat man erst die Spur verloren, kann und will man nicht mehr spuren. Kommt man von der Bahn ab, wird man schnell aus der Laufbahn geworfen.

Allen war irgendwie die Erkenntnis gemein: Im Schein des Lichtes kann man leicht den festen Boden unter den Füßen verlieren. Wo raue See und heftige Stürme hohe Wellen schlagen, kann man leicht Schiffbruch erleiden. Oft heißt dies abtauchen, untertauchen und irgendwo wieder auftauchen, um nicht unterzugehen. Kommt man ins Straucheln, verliert man sein Gleichgewicht, geht man von Bord oder springt ins kalte Wasser – dann braucht man Halt. Sich an den alten Zöpfen festzuklammern hilft da wenig.

So blieb den achtzehn Frauen und Männern nur die Hoffnung, dass sie auf der Insel wieder Land unter den Füßen finden, einen festen Grund, der sie hält und trägt, ein Weg, der geht und den sie gehen können. Wie sollten sie sonst wieder auf die Beine kommen, aufstehen, sich erheben, sich aufrichten, fest stehen, zu sich selbst stehen, vor anderen zu sich selbst stehen, einen anderen Standpunkt einnehmen, einen neuen Blickwinkel, sich stellen, sich besser anstellen und zu ihrer wahren Größe finden, um schließlich kraftvoll im Leben stehen zu können?

Die Bewohner der Insel waren Männer – schwarze Männer, vor denen man sich jedoch keineswegs zu fürchten brauchte. Ganz im Gegenteil. Sie behandelten die achtzehn Gäste – wie sie die Frauen und Männer nannten – freundlich und grüßten schon von Weitem. Erst allmählich ging den Gästen auf, dass wohl deshalb am Eingang der Insel Schilder standen mit der ungewohnten Aufschrift »Schwarzach da muss ich hin«. Manchem fiel ein Stein von Herzen. Hatten sie doch zunächst gedacht, die Schilder wären eigens wegen ihrer Fehler und Makel aufgestellt worden: »Schwarz« – Schwarze Seele, »ach« als Ausdruck des Seufzens und der Seelenqual – »Da muss ich hin«, ins purgatorium (in die Besserungsanstalt) – »da bin ich nun« (an dem Ort der Verdammung).

Während der Zeit auf der Insel erlebten die meisten der achtzehn Frauen und Männer ein Wechselbad der Gefühle. Manche betraten mit Ehrfurcht und Andacht den Ort der Heilung und Heiligung. Andere versetzte das, was sie dort hörten und sahen, in großes Erstaunen, einzelne auch in grenzenlose Verzückung. Wieder andere konnten nur unter äußerster Beherrschung ihrer Zunge eine gute Miene zum ungehörten und unerhörten Spiel machen. Klein war der Schritt vom Erleben zum Erbeben. Nicht wenige schickten SMS, E-Mails und andere Notsignale nach Hause: »Hilfe, holt mich hier raus!«

Der Grund für die Verzweiflung lag nicht zuletzt in der Existenz der Gastarbeiterinnen und Gastarbeiter, die bei den schwarzen Männern ihr Brot verdienten. Sie stellten nämlich peinliche Fragen, wollten alles ganz genau wissen, verwendeten Fremdwörter, neue und weniger bekannte Begriffe, komische Formulierungen und machten seltsame Gesten und Handbewegungen – wie dies eben bei Gastarbeitern häufig der Fall ist. Oder aber sie machten Vorschriften, verwiesen auf Spielregeln und forderten auf, sich zusammenzusetzen, um sich auseinanderzusetzen.

Die Gastarbeiter gaben ihr Bestes und sie hofften, dass all die Runden und gut gemeinten Übungen dazu beitragen, dass die Gäste über die Runden kommen. Es wäre ihnen nämlich unangenehm, würden die Gäste sitzen oder auf halbem Wege stehen bleiben. Sie wollten auch nicht, dass sie unerfahren wegfahren und beim nächsten Camp gleich wieder auftauchen. In einer absehbaren Zeit sollten sie die Insel wieder verlassen, um anderen Schicksalsgenossen Platz machen, die auch noch nicht wissen, was auf sie zukommt.

Die meisten rüsten sich mit Spezialitäten und Andenken von der Insel aus: mit einem Rezept, einem Autogramm von den Schwarzen Männern und Gastarbeitern, mit selbst verfassten und vorgeschriebenen Trost- und Hoffnungsworten, mit zahllosen farbigen Bildern, mit der Reco-Box und dem Reco-Pass. Nur die Reco-Club-Card fehlt noch. Es ist üblich, diese bei einem Nachtreffen zu erwerben.

Möge Gott alle segnen! Die, die gehen! Die, die bleiben! Und die, die demnächst auf die Insel kommen.

Autorinnen und Autoren

Ilga Ahrens, Mitarbeiterin für Gemeindecaritas und Sozialberatung

Dr. Bernd Deiniger, Psychoanalytiker, Chefarzt der Klinik für Psychosomatische Medizin und Psychotherapie, Nürnberg

P. Meinrad Dufner OSB, Künstler, geistlicher Begleiter

P. Deocar Engelhard OSB, geistlicher Begleiter

P. Dr. Anselm Grün OSB, Schriftsteller, geistlicher Leiter des Recollectio-Hauses

Br. Pascal Herold OSB, Prior der Abtei Münsterschwarzach, geistlicher Begleiter

P. Zacharias Heyes OSB, geistlicher Begleiter, Schulseelsorger am Egbert-Gymnasium der Abtei Münsterschwarzach

Prof. Dr. Karl-Josef Kuschel, Universität Tübigen

Dr. med. Ilse Katharina Müller, Ärztin für Psychiatrie und Psychotherapie

Dr. Wunibald Müller, Psychologischer Psychotherapeut, Theologe, Leiter des Recollectio-Hauses

Dr. Ruthard Ott, Psychologischer Psychotherapeut, Theologe, Supervisor

Sr. Sylvia Platte MMS, Missionsärztliche Schwester, Gemeindereferentin, geistliche Begleiterin

Pierre Stutz, Schriftsteller, Theologe, Luzern